逆境力

貧乏で劣等感の塊だった僕が、あきらめずに前に進めた理由

パトリック・ハーラン

SB新書
535

僕の中には、
貧乏で、劣等感いっぱいの
小さな男の子が住んでいる——。

はじめに――逆境に置かれても希望はある

つい先日のこと。僕は執筆作業に欠かせない赤ペンを切らしていることに気づきました。すぐにパッと自転車に跨《また》がり、近所の100円ショップで赤ペン3本を思いっきり「大人買い」しました。

いま僕は、新品の赤ペンを握りしめ、さらにまだ封も切っていない予備の2本を眺めて、とても大きな幸福感に包まれています。貧乏育ちの僕にとって、330円の出費を惜しまずにすむ金銭的な余裕は奇跡のよう！　ありがたくてしょうがありません。

子どものころの僕にとって、筆記道具はもらったもの、借りたもの、拾ったもののどれかでした。お店で新しいもの、ましてや今使うつもりもない「予備のもの」を買った経験はほとんどありません。だから、たった100円のピカピカの赤ペンでも、人一倍の喜びを感じられます。へんな言い方かもしれませんが、これは貧乏育ちの恩恵でもあるのです。

僕は、逼迫《ひっぱく》した家計の下で暮らした経験から、どんな小さな出来事にも、大きな喜びを感じられる「力」を得たのです。同時に、折れた鉛筆でも、ガムテープとゼムクリップで補強して使い続けるなど、工夫する「力」も。複数のアルバイトを掛け持ちしながら、学業と経済活動を同時に進行し、両立させるマルチな「力」も。

感謝の気持ち、工夫の発想、忍耐強さ、ハングリー精神……、考えてみれば、僕が貧乏育ちから得たものはたくさんあります。これこそ、今を強く生きる僕の原動力だと思う。だから、ここだけの話、最初はこの本のタイトルを「貧乏力」にしようと思っていました。

けれども、100円ショップでは迷わず大人買いできた僕でも、そこでは迷いました。「待てよ。『貧乏力』だと、貧乏の経験も悪くないと貧乏をお勧めしてるみたいじゃないか?」と。「うーん、絶対にそんなふうには受け取られたくない!」。なぜなら貧乏はつらい。貧乏は怖い。貧乏だと、差別も蔑視もされる。幼いころのトラウマを引きずり、経済力も素敵な家族ももっている今でも、僕の中に「貧乏でコンプレックスの塊の男の子」が住んでいます。

早く貧乏から脱出したくて、必死に頑張ってきた僕だからこそ、〝貧乏〟を誰にも勧めたくない。むしろ、世のため人のために、みんなの力で貧乏をなくしていきたい!

そこで、「貧乏出身の僕に何ができるだろうか？」と考え、「まずは日本の貧困の現状を知り、貧困に苦しんでいる当事者の声を聞くことから始めよう」と思い立ち、経済的に厳しい環境にある家庭の子どもたちの支援をしている団体や、その団体の下で学習支援を受けた子どもたちに取材をしました。彼らの話に耳を傾けると、怒りや悲しみがこみあげてきましたが、同時に希望と決意も湧いてくるのです。日本には、こんなふうに支援の輪が広がっている。そして、その支えのもとにあきらめずに頑張っている子どもたちもいる。

だから、たとえ、今はつらい状況に置かれている子がいても、決して絶望したり断念したりしないでほしい。そんな思いも伝えたくて、僕の貧しかった子ども時代の話もさせていただきました。逆境に置かれても、人はそこから力を得られる。たとえ今、貧乏であったとしても希望はある！　ぜひそんなメッセージを本書から受けとっていただきたい。

そんな思いも込めて、ずっと迷っていたタイトルを『逆境力』にしました。

うん。これで行こう！

まあ、訂正しようと思ったら、赤ペンはまだ3本もあるし……。

もくじ

はじめに——逆境に置かれても希望はある　3

第1章　僕は「貧乏育ち」だった

「フードスタンプ」の苦い思い出　14
両親の離婚で始まった貧乏生活　17
母ひとり子ひとり、ますます厳しい生活に　21
貧乏が心の余裕を奪う　25
「自分だけ貧しい」が一番つらい　30
「普通の人たち」が、どうしようもなく恨めしい　33

第2章　このままじゃダメだ！日本の「相対的貧困」

知っていますか？「日本の子どもは7人に1人が貧困」　40
「塾代がない」のではない、「昼食代」がない　44
なぜ「家で勉強」が難しいのか？　48
「よその子」に手を差し伸べにくい日本　51
子どもが安心できる「居場所」をつくることの大切さ　55
「一億総中流」の思い込みから生まれる悪平等　60
「どうなりたい？」と聞いてもらえない子どもたち　65
自転車、家族旅行、大学は「贅沢」なの？　68
「苦学生」は、学生生活を楽しめなくても仕方ない？　72
「おじいちゃん政治家」には見えない現実がある　76

日本のセイフティネットは、本当に手厚いのか　79
「セイフティ〝ブランケット〟」が必要！　82
子どもの貧困対策は「福祉」ではない、
　ローリスク・ハイリターンの「投資」だ　86

第3章　「貧乏だから」では済ませない
――僕の生き方戦略

貧乏だったから勉強も部活もがんばれた　94
母直伝のセールストークでサマーキャンプ参加費をゲット！　97
「パトリック・ハーラン」の基礎となった新聞配達のアルバイト　100
ないなら、ないで「何とかしよう！」「何とかなる！」の思い　104
センスはないけど自信はあった　109

僕のせいでパン屋さんが潰れた？　115
食事をご馳走した女性は、妻が最初！　118

第4章　誰も一人では成功できない
――ちょっとの気配りが大きな助けに

たくさんの人に助けられて、ここまで来た　124
落ち着きのない僕を理解してくれた先生たち　128
「保健室の牛乳とクッキー」に救われた！　132
「多くを恵まれた人は、多くを求められる」　134
アメリカと日本「第2の家族」たち　136
◉いつも僕の分の食事があったビューシング家　136
◉僕の「バイク好き」の原点となったお父さん　139

●「食とエンタメ＝パラダイス」だったグリーンリーズ家　140
●大学に出願できたのは、ガストン家のおかげ　142
●「兄」のような存在だったポールとジム　143
●日本にも「お父さん、お母さん」ができた　145
貧困は悪いことでも隠すことでもない　148
きっかけさえあれば、どんどん伸びる子どもたち　152
「社会の広さ」「自分の可能性」を知らせることが一番　157
自分の足で歩み出した子どもたち　162
●「やりたいこと、やってみようかな」で海外留学　162
●海外から見えた日本と自分　164
●将来の目標は「官僚」　167
奨学金という借金地獄をどうする？　171
奨学金返済支援で、将来設計が立つようになる　178
子どもには「ポジティブな体験」が絶対必要　181

「機会平等性」のある社会に　184

第5章　貧乏力
――「人一倍がんばれる力」という財産

貧乏コンプレックスから生まれた精神力　190
「あのころに比べれば……」と思えば、何でも幸せ、何でもがんばれる　193
「がんばってる俺」が、かっこいい！　196
遠慮するくらいなら、素直に図々しくなれ　199
「壊れたら、また買えばいい」？　冗談じゃない！　203
自分ができることを挙げてみる　208

エピローグ　今度は僕が恩返しする番

今の僕に何ができるか　212
自分と家族を守ってこそ、世の中のために働ける　216
自分の中のベストを目指す　219
おわりに――この世から貧乏をなくしたい　222

第1章
僕は「貧乏育ち」だった

「フードスタンプ」の苦い思い出

お金、ということで幼少期を振り返ると、まず思い出す光景があります。

それは僕が8歳か9歳くらいだったころのこと。

コロラド州の、とあるスーパーのレジで、母がレジ係の店員さんともめている。

「ドッグフードはダメってどういうことですか！　うちの犬がお腹空かせても放っておけって言うの？　それとも私たちの食事を分けてやれと⁉」と詰め寄る母に対し、店員さんは「でも、そういう決まりですので……」の一点張り。

当時、僕たちは「ポピー」っていうブリタニースパニエル犬を飼っていました。とてもかわいくて、僕たちにとっては家族同然でした。

そのポピーのご飯が買えない。なぜか。それは「フードスタンプ」を使おうとしたからでした。

フードスタンプとは、貧困家庭に支給される「食料品交換券」のようなもの。日本の生活保護に当たる支援制度ですが、アメリカでは現金給付じゃなくてチケット制だったのです。

フードスタンプは、あくまでも人間のためのものだから、ペットのエサは対象外。だから僕たちはドッグフードを買えなかった。店員さんに罪はありません。ルールで「人間の食べものしかダメ」って決まっていたのだから。

それでも母にとっては、ものすごく理不尽で屈辱的だったに違いありません。

「ドッグフードを私が子どもに食べさせるとでも心配してるんですか？　うちには本当に犬がいるんです。でも今日は現金の持ち合わせがないんです」——しまいに母は泣き出し、店員さんは困り果て、レジには会計待ちの人の行列ができ、その中で僕はどうしていいかわからず立ち尽くすだけ。

その後どうしたのかは、あまり覚えていません。とにかくルールはルールだから、ドッグフードは諦めて帰ったのでしょう。たぶん、後で母がなけなしのお金を持って、買いに行ったんだろうと思います。

ともかくこれが、貧しかった幼少期で一番、鮮明に甦《よみがえ》る記憶。もちろん、他にも思い出すことはたくさんあるけれど、中でも、このフードスタンプの思い出がとくに印象に残っているのは、苦みと同時に制度に対する怒りも感じるからです。

貧困家庭に現金ではなく、食料品の引き換え券を配る。この制度の裏側には、「貧乏人はお金の管理ができない。現金を配ったら、つまらないことに浪費してしまうに違いない」という思考が見えます。

たしかに、中には子どもの食事などをおろそかにして、ギャンブルに使ってしまう人もいるかもしれません。

でも、はなから「貧乏人に現金を渡してはいけない」と決めてかかるというのは、あまりにも人をバカにした制度ではないでしょうか。

フードスタンプは普通のスーパーで使います。つまりフードスタンプを使っているところを人に見られてしまう。

そう考えると、合理性を重んじるアメリカで、手間も経費もかかる（つまり、まったくもって合理的でない！）チケット制をとっていることには、あえて「貧乏人に恥をかかせる」という意図もあるのではないかと勘ぐりたくなってしまいます。

人前でフードスタンプを使って恥をかきたくないなら、そんな制度に頼らなくていいように働いて稼げ。

そういわれているかのように感じる人も多いと思います。それぞれ事情があって困窮しているというのに、行政がこんなに傲慢で意地悪でいいんだろうか？　とも思ってしまうのです。

両親の離婚で始まった貧乏生活

僕という人間は、幼少～青年期の貧しさと切っても切り離せません。

貧乏はつらかったけど、その中で培われた力があることも事実。

そんな「貧乏力」については5章で触れるとして、ここではまず、僕がなぜ貧乏になったのか、どれくらい貧しくて、その中で僕がどう感じていたのかをお話ししておきましょう。

フードスタンプの支給を受けなくてはいけないほど貧しくなったのは、両親の離婚がきっかけでした。

僕の父はもともと俳優か牧師になりたかったようですが、父が若かったころ、ベトナム戦争のための徴兵制度がアメリカで始まりました。どのみち徴兵されるならと、父はみずから志願して空軍に入隊しました。志願兵だと、司令官にもなれ、出世コースに乗りやすく、お給料もよかったのです。

父が入隊して間もなく両親は結婚し、まず姉が、その2年後に僕が生まれました。

当時の父は、モンタナ州のミサイル基地で任務についていました。任務の内容は、核ミサイルが格納されている地下深くにある一室に同僚と二人でこもり、ミサイルの発射に向かってスタンバることです。つまり、核ミサイルの発射ボタンを押す役。

いうまでもありませんが、幸いなことに、一回もその「仕事」をすることはありませんでした。でも、ミサイル攻撃の指令が来たらボタンを押さなくてはいけない。そうなれば膨大な数の命が失われ、世界は壊滅状態になります。任務を遂行するときが来ないようにと祈りながら、常に緊張を強いられる仕事。ストレスは察するに余りあります。

しかも家に帰ったら帰ったで、赤ん坊が二人泣き喚いている。気の休まるときがありません。

軍人は意外と転勤の多い職種です。モンタナからアラバマ、さらにイリノイへと父の任務地が変わるごとに家族そろって引っ越し、姉と僕が学校に上がると、母も外で働き始めました。

母の仕事は出版社の校閲係や保険の外交員。赤ん坊の面倒を見る手間は減った代わりに、母は仕事のストレスを抱えるようになります。いつからか冷え込みつつあった夫婦仲も、ますます悪化していきました。

そんな中、父が空軍アカデミーの先生になることが決まり、僕たちはコロラド州に引っ越すことになります。

ちなみに、コロラドの家で犬のポピーを飼い始めたのですが、冷え切った両親の仲には、ペットの癒しパワーも太刀打ちできなかったようで、僕が7歳のときに別居をはじめ、翌年に二人は離婚します。

僕たち姉弟を目の前に座らせて、母親から「私たちが君たちの親であることは変わらないし、これからもずっと愛してるよ。でもお父さんとお母さんは別れて暮らすことになったんだ」と告げられたことをよく覚えています。悲しかったし不安だったけど、「お母さんを支えなくちゃ」って子どもながらに思ったことも。

こうして母、姉、僕、そしてポピーの三人＋一匹の生活が始まりました。

父という大黒柱がいなくなってしまったうえに、折悪く母がリストラされてしまい、生活は苦しくなりました。以降、母は就職しては失業する、という繰り返し。失業手当てはありましたが、それほど多くはないうえに期限つきです。

なかなか安定しない仕事の給料、もしくは失業手当て、そして父から支払われる養育費。これが当時の僕たちの家計でした。ようやく生活が少し安定しだしたのは、ずっと後、僕が高校の最終学年のときに母が大学院で教育の修士号を取り、小学校の先生になったころです。

つまり、経済的に大変だったのは両親の離婚から母が小学校に職を得るまで。

僕の年齢でいえば7歳から17歳くらいの間ですが、とくに苦しかったのは、僕が11

歳のとき、ある事情で姉が父の元に引き取られてからでした。というのも、父が「一人はこちらに引き取ったのだから」と、母に支払う養育費を一方的に止めてしまったのです。

母ひとり子ひとり、ますます厳しい生活に

姉が父の元に引き取られ、父から養育費を支払われなくなる。それからの僕たち母子の経済状況というと、次のような感じでした。

・テレビはあったりなかったり。人からオンボロテレビを何台かもらったがどれも長くは持たない。使えている間でも、どれも白黒テレビ。僕は高校生になるまで、「色のついたテレビ画面」を自宅で見たことがなかった。戦後25年ほども経ってから生まれた人としては、相当珍しいほうじゃない？

・母は、ずーーーっと同じスカートをはいていた（20年間も！）。
・牛乳はいつも脱脂粉乳。両親が離婚してからというもの、「ホンモノの牛乳」は小学校の食堂や保健室、他人の家でしか飲んだことがなかった。「保健室？」と思った人、種明かしは4章にて。それでも184センチまで身長が伸びたのだから、脱脂粉乳はあなどれない。ぜんぜんおいしくはなかったけれど。
ちなみに（知っても仕方ないだろうけど）脱脂粉乳を飲むときのコツは、最初に水をちょっとだけ入れてトロトロにしてから、少しずつ水で薄めていくこと。一気に水と粉を混ぜようとするとダマができて、ものすごくまずくなる。
・肉といえば、ほとんど脂がなくてパサパサのターキー（七面鳥）のひき肉。今でこそ「低脂肪、高タンパク」でヘルシー志向の人にもてはやされているターキーだけど、「それしか買えない」というのは訳が違う。ビーフやポークは夢のまた夢で、たまに買えるチキンがご馳走だった。
・アイスクリームは最高の贅沢《ぜいたく》。といってもスーパーのプライベートブランドの安いもの。「ハーゲンダッツ」はおろか、「レディーボーデン」だって当時の僕らにとっては、とうてい手が届かない超高級品だった。

・母は家計の予算をきちんと決めていたが、食費は1人1食あたり89セント（100円弱）。なぜか、この数字はハッキリ覚えている。

かなり生活は苦しかったけど、母は、少ないお金をジャンクフードには費やさず、きちんと栄養がとれるようにしてくれました。そのおかげで、元気に大きくなれたのだから母には感謝しています。

それに、貧乏というと必ずといって電気、ガス、水道が止まったという話を聞きますが、僕が記憶している限り、そういうことは一度もありませんでした。いつ光熱費が払えなくなってもおかしくない状態だったのに。

おそらく母が何とかやりくりして払っていたのでしょう（水道料金については、あるカラクリがあったのですが、それは後ほど！）。この点でも母に感謝。

ただ、毎日寂しかったというのは色濃く記憶に残っています。

母が外で働いているから、いわゆる「鍵っ子」。学校から帰ると、誰もいない家に自分で鍵を開けて入る。「おかえり！」と言わんばかりに、かわいいポピーが寄ってくる。それが唯一の癒しでしたが、犬は人間の言葉が話せません。

無性に人の声が聞きたくなったときには、よく電話の「時報」を聞いていました。今、思うとラジオでも聞けばよかったんだろうけど、うちにはラジオを聞く習慣がなかったのです。

母は、仕事があるときはいつも忙しくしていました。

僕が学校で具合が悪くなると、学校から連絡を受けた母が迎えに来て、僕を家に連れて帰り、すぐに会社に戻る。週末に休めないこともしょっちゅうで、そんなときは、学校が休みの僕を連れて出勤していました。

会社で手持ち無沙汰だった僕は、よく母の同僚の人たちとおしゃべりしたり、遊んでもらったりしたものです。もともと社交的な性格でしたが、年上の人とでもすぐに親しくなれる社会的スキルは、このころに培われたんじゃないかと思います。

姉がいなくなって、母ひとり子ひとり。「明日の食べものが何もない！」という危機的状況に陥ることはなかったけれども、余裕はまったくありませんでした。

アメリカでは、現金、クレジットカードに加えて、小切手を切るというのもメジャーな支払い方法です。小切手を切った金額は、支払い相手が銀行に持ち込んだときに銀行口座から引き落とされます。

真夜中にふと目が覚め、僕が足音をしのばせてキッチンに降りていくと（階段がキイキイいうので、技術が必要だったんです）、母が小切手帳を見つめて泣いているのをよく目にしました。残高が心配でたまらなかったのでしょう。その母を後ろからハグして「ママ、大丈夫だよ」と、僕なりに精一杯慰めたことを思い出します。

貧乏が心の余裕を奪う

小学校低学年のころに始まった貧乏生活。当時を振り返ってつくづくと思うのは、経済的な貧しさはメンタルや思考力にも多分に影響するということです。

「貧すれば鈍する」という言葉もあるように、お金がないと心や頭の余裕もなくなってしまうのです。

小・中・高ときて、大学に入ると寮生活が始まりました。映画『ソーシャル・ネットワーク』を観た人は、あの中に僕がいるとイメージしてください。ただし、裕福な同級生もたくさんいる中で、僕は相変わらずの貧乏生活。

じつは、大学時代に一度も石鹸を買ったことがありません。なぜなら、共有のシャワールームで「調達」できたからです。

石鹸は小さくなると泡立ちにくくて使いづらいから、あまり最後まできっちり使い切りませんよね。

シャワールームには、たいてい、そんな小さな石鹸が置き去りにされている。いくつか集めて、水でちょっと濡らしてぎゅっと固めると、まあまあの大きさになる。この「オリジナル石鹸」で体も顔も頭も洗っていました。

洗濯も最低限に抑えていました。シャツとパンツは毎回洗濯するけど、ズボンや靴下はたまに洗う程度。「靴を履いてしまうのだから、靴下のニオイなんてわからないでしょ」とタカを括っていたのです。でも、たぶん周りには「なんか臭いな」と思われていたんじゃないかな。

シーツに至っては一学期に一度洗うくらい。大学2年生のころに付き合っていた彼女がいたのですが、そんな僕の部屋によく遊びに来てくれたなと思います。

先ほど、「お金がないと、心や頭の余裕もなくなる」といいました。彼女との関係も、結局は、僕が貧しかったことでうまくいかなくなってしまった。

彼女がお金のない僕を見限ったのではありません。人間関係では一方だけが悪いということはないけれど、この場合は、原因は僕のほうにありました。

彼女は余裕のある家庭で育ちました。たしかお父さんは税理士でした。

一方の僕は、石鹸さえ満足に買えない貧乏学生。男がおごる文化もなくなりつつありましたが、割り勘にしたとしても、彼女と食事に出かけようにも、デートによさそうなレストランには行けません。かっこいい音楽を聴きにジャズクラブにも行けない。友だちと飲みにも行けない。

彼女は「私が払うから行こうよ」と言ってくれましたが、それは僕のプライドが許しませんでした。

それでも、めちゃくちゃ親しくさせてもらい、いまだに友だちです。いっときは彼女の家に住み込みで、お母さんの仕事を手伝うアルバイトをさせてもらったりなど(ちょっと図々しい一面も見せながら)熱く仲よく付き合いました。彼女との付き合いは、一年近くは持ちましたが、結局は僕の貧乏コンプレックスのせいで、彼女との仲がギクシャクしてしまいました。

後年、ふと思い立って彼女にメールを出したことがあります。

「あのころは、僕のつまらないプライドのせいで気の毒なことをしてしまった、申し訳ない」と謝ると、彼女は「私こそ、そんなに付き合いやすい女の子じゃなかったと思う。ごめんね」と応えてくれて、やっと長年のわだかまりが解けた気がしました。

お金がないと、心や頭の余裕がなくなる。そのために、人付き合いがままならなくなってしまうこともあるのです。

交際費をかけられないうえに、プライドやコンプレックスが邪魔をして、健全な人間関係を築くことが難しくなってしまう。


そういえば、こんなこともありました。

日本での芸能生活が定着し、経済的に余裕ができてからの話です。

あるとき、すごく仲のいい友だちにお金を貸しました。ところが待てど暮らせど、返してくれません。こちらから催促するのも憚《はばか》られるし……なんて思っているうちに疎遠になってしまいました。

その友だちが急死していたと聞いたのは、しばらく後のことです。

あれほど仲がよかった彼の死を知らなかったなんて。

すごく悲しくて無念だった。

でもそれ以上に腹立たしかったのは、彼の死を聞いたとき、「あ、お金返してもらってないのに」と思ってしまった自分の心でした。

そのお金が返ってこなくても、僕の懐はまったく痛みません。

それでも、とっさに「もう返ってくることのないお金」のことを考えてしまった。

貧しかったころの記憶、感情は僕の奥底に根強く残っていて、「なんで今?」という不相応な状況でも、まるで脊髄《せきずい》反射のように、お金に対するこだわりとして顔を出すのです。

貧乏のために負った心の傷は、薄れることはあっても、おそらく消えることは永遠にないんじゃないか。

貧困という問題の根深さを痛感します。

「自分だけ貧しい」が一番つらい

ひと口に貧困といっても、世界を見渡してみれば実情はさまざまです。

僕が経験した貧しさとは比にならないくらい困窮している人も、たくさんいます。

たとえば「Dollar Street」というサイトでは、世界各地の貧困家庭の暮らしぶりを写真で伝えており、まさに現在進行形、世界規模の格差の実態を垣間見ることができます。ぜひ、検索してみてください。

中には「パックンは貧しかったといっても飢えていたわけじゃない。ちゃんと屋根があって、ガス、電気、水道も通っている家で育ち、大学にも行けたじゃないか」と思う人もいるでしょう。

そのとおり。家には白黒とはいえテレビがあったし、自転車も車も持っていた。予防接種など必要十分な医療も受けられた。1食あたり89円はひもじかったけど、1日2ドル以下で暮らしている人が世の中に何億人もいることを考えれば、ずっと「恵まれていた」ほうです。

でも、だからといって、僕の貧乏体験が取るに足らないものだとは思いません。かつての僕と同じような貧しさを味わっている人を放置していいとも、まったく思いません。

なぜなら、貧困には「絶対的貧困」と「相対的貧困」の2種類があり、先進国で生じている「相対的貧困」は、それはそれとして非常に深刻な問題だからです。

たとえば、友だちが当たり前のように買っている文房具を、自分は買えない。友だちは夏休みに家族旅行に出かけるのに、自分はどこにも行けない。友だちの洋服のローテーションは、たぶん2週間くらい。自分の洋服のローテーションは1日。つまり毎日、同じ服。

このように、周りの人たちが日々、当たり前のように使っているお金が、自分にはない。

周りの人たちが日々、当たり前のようにやっていることを、自分はできない。相対的貧困とは、その国の文化的・経済的水準を下回る生活をしている状態を指します。決して飢えるわけではなくとも、「周りと比べて、どうやら自分は貧しいようだ」というのが、つらいのです。とくに子どもにとっては。

母と二人で工夫して日々をやりくりすること自体は、あまり苦ではありませんでした。

後でも触れるように、早朝の新聞配達アルバイトは大変だったけれど、毎朝、母と一緒に早起きし、配達の準備をして、まだ空が暗いうちにお互い「いってらっしゃい」と言って家を出る。これは僕にとって宝物のような思い出です。

でも、周りの友だちと同じように遊べないことが悲しかった。すぐそばにある「何の変哲もない、豊かな暮らし」が見えてしまうことが恨めしかった。

友だちに遊びや食事に誘われても、おいそれとは行けません。お金が足りなくなるかもしれないから。

でも恥ずかしくて「お金がないから行けない」とは言えませんでした。事情を知らない友だちは、僕のことを「付き合いの悪いヤツ」と思ったでしょうね。

「普通の人たち」が、どうしようもなく恨めしい

本当に親しい人以外にも「お金がない」と言えるようになったのは、高校生くらいだったと思います。

とはいえ、やっぱり恨めしい気持ちはずっとありました。

それは、たまにテレビなどで目にするような、豪邸に住んで高級車を乗り回しているお金持ちだけに向けられたものではありません。「くそっ、いいな！」という恨めしさは、もっと日常的なものでした。

当時、僕たち母子が住んでいたのは、超お金持ちは少ないものの、いわゆる中流家庭が集まっている地域でした。

日ごろ目にするのは、普通の家に住んで、普通の自家用車に乗って、普通にガソリン代を払える、普通の生活レベルの人たち。

同級生たちは、人気ブランドの洋服や靴に身を包み、定期的にコンサートやスポーツ観戦に出かけ、家には立派なステレオと、人気ミュージシャンのアルバムがそろっている。

そして週末にはホームパーティを開き、そのステレオでガンガン音楽をかけてドンチャン騒ぎをする。

要するに、お金の不安なんて、ほとんど感じずに生活を営み、余暇を楽しむ人たち。そんな、僕にとっては「当たり前」じゃなかったことを当たり前にできている人たちのことが一番恨めしかった。

友だちに気安く言われる「一緒に行かない？」のひと言が、どれほど苦しかったことか。みんなにとっては何でもない20ドルのコンサートチケット、15ドルのゲーム観戦チケット、そのお金が僕には出せない……。

「いいな、お金があって」「いいな、何も考えずに遊べて」「お金の心配がないから、あんなふうに笑えるんだろうな、いいな」——周囲との比較から生まれる、こういう「いいな」が心を苦しく、貧しくしてしまうのです。

経済的な貧しさだけを見れば、アジア地域やアフリカ地域の発展途上国のほうが、アメリカや日本よりもずっと貧しい。これはGDP（国内総生産）ひとつを見ても明らかですが、残念ながら「GDPが高いこと」は、必ずしも「幸福度が高いこと」を意味しません。

なぜなら、幸せも不幸せも「相対的に感じるもの」だから。

たとえば、プールのある家なんて見たこともなければ、「家にプールがほしい」とは思わないでしょう。でも隣の家にプールがあったら、「いいな、プールがあるような豪邸に住めて」と羨ましくなる。

「みなが等しく貧しい（ごく一部の遠い世界の超お金持ちを除いて）」のではなく、「すごく豊かな人」「まあまあ豊かな人」「普通の人」「貧しい人」がモザイク様に暮らしていて、貧しいほうの人にも豊かな暮らしが間近に見える。

だから「いいな、あの人たちは。それに引き換え自分は……」と悲しくなり、階級に流動性がないと感じると「どうせ自分はこのままだ」と意欲をなくしてしまう。

たとえ「屋根があり、電気、ガス、水道が通っている家」に住んでいても。

いつも裸足で飢えと隣り合わせの「本当の貧しさ」を味わっているわけでなくとも。

それでも周囲との比較で「自分は貧しい」という不幸感に苛《さいな》まれる。

そんな先進国に特有の「相対的貧困」にも、僕たちは、しっかりと目を向けるべきだと思うのです。

日本の相対的貧困の実態を示す、こんなデータがあります。

大阪府が行なった調査によると、スマホや、テレビ、洋服といった持ち物の有無においては、貧困世帯と一般世帯とで大きな差異は見られません。

ところが、習い事、学習塾、家族旅行、地域行事、学校行事、子どもの進路など、文化的・教育的機会の損失は、貧困世帯が一般世帯を格段に上回るのです。

スマホもテレビも洋服もある。外見的特徴を見る限り、貧困とはわかりません。でも、お金がないために塾に行けない、家族旅行に行けない、あるいは希望の進路に進めなかった。日本の貧困は見えづらいのです。

実際、公益財団法人あすのばの調査では貧困家庭の約7割が「塾・習い事」を断念した経験があると回答しています。東京新聞朝刊（2018年2月14日付）の記事です。

調査対象の世帯ごとの収入は、月収11万4000円、年収は139万2000円（い

見えにくい貧困の実態① 世帯所得別・子どもの持ち物

・貧困世帯でも、大半の子どもがスマホ等を持つなど、外見的特徴に差はほとんどない

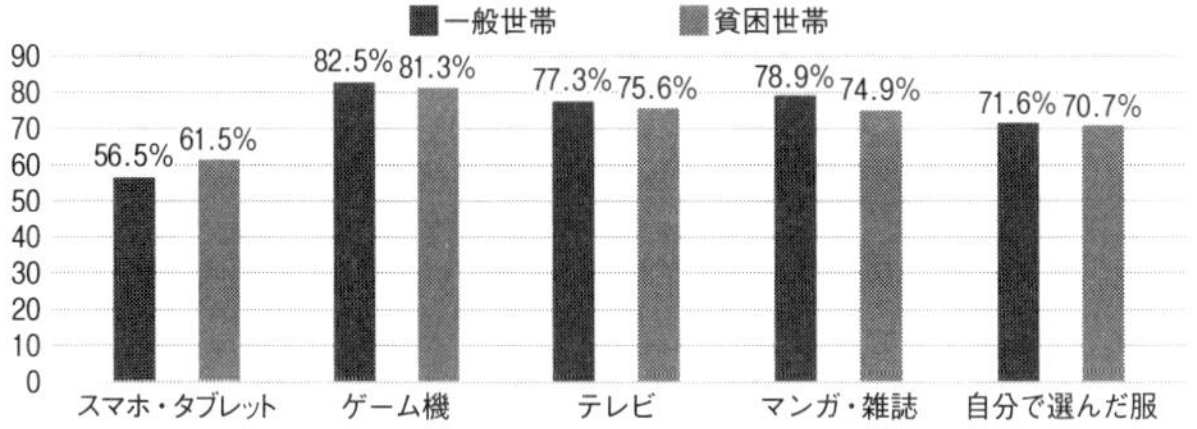

見えにくい貧困の実態② 世帯所得別・経済的に実現できなかったこと

・貧困度が高いほど、習い事や旅行などの文化的体験や、学習の機会が損なわれている

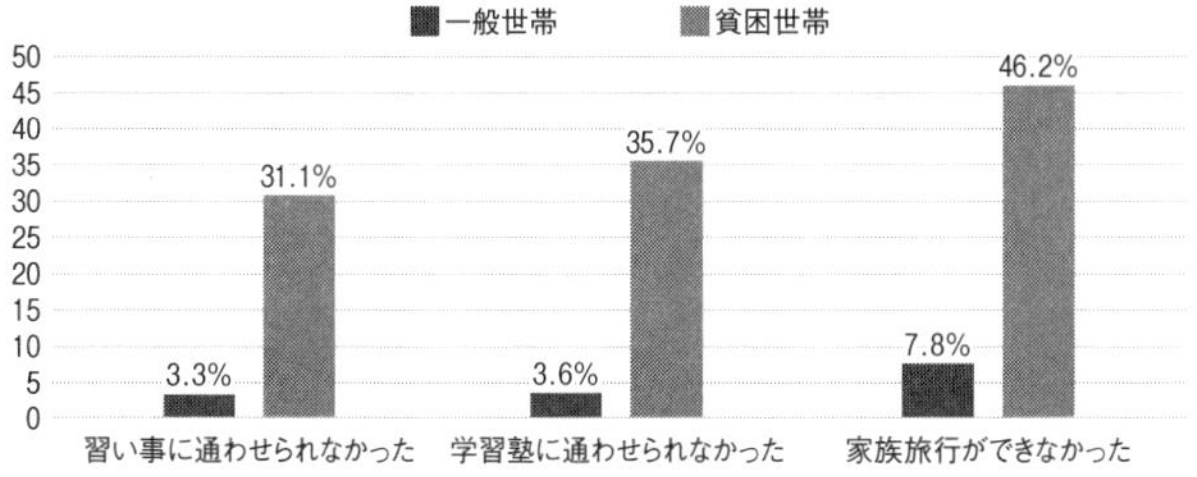

見えにくい貧困の実態③ 世帯所得別・経済的に実現できなかったこと

・貧困度が高いほど、地域や学校とのつながりが断たれる傾向がある

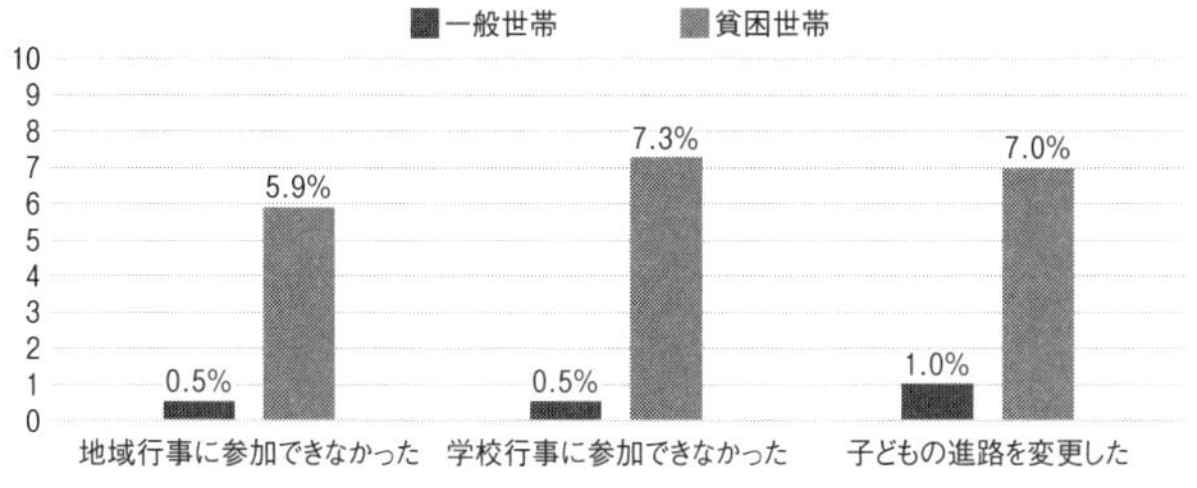

大阪府（2017）「子どもの生活に関する実態調査」

＊「一般世帯」＝世帯所得が中央値以上の世帯、「貧困世帯」＝世帯所得が中央値の50％未満・相対的貧困

経済的理由で諦めた内容（保護者回答）

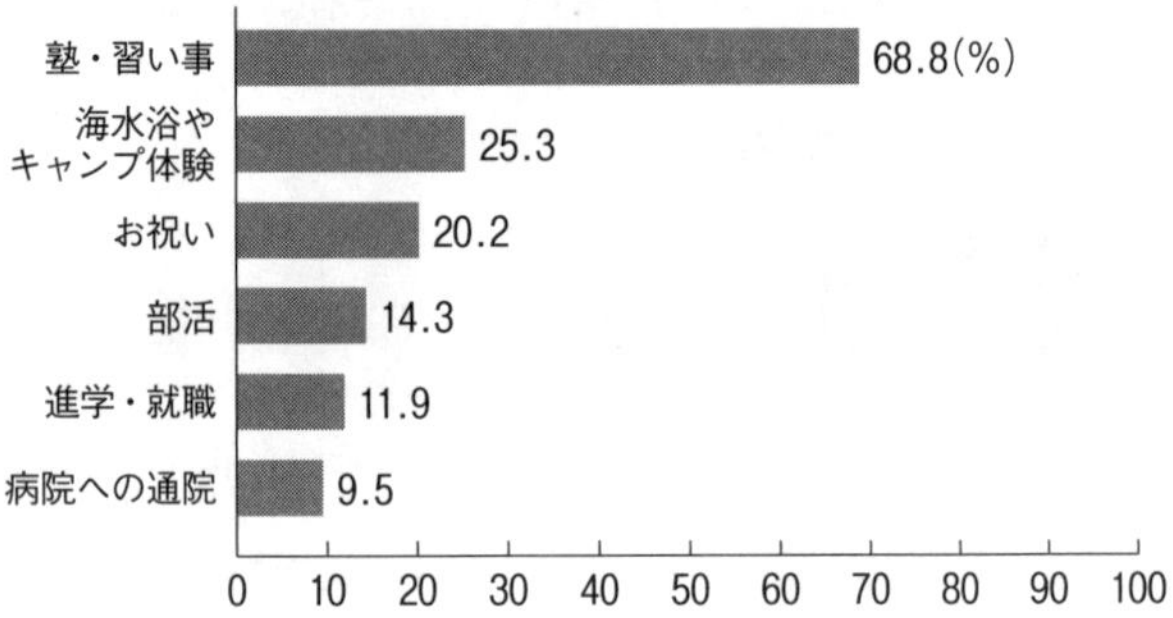

公益財団法人あすのば調査（東京新聞より）

ずれも中央値＝多い順に並べた真ん中の値）、そして約76パーセントの世帯が貯金は50万円未満と回答。生活の厳しい実態が浮き彫りになっています。対象家庭の保護者に、経済的な理由で子どもがあきらめた経験を聞いたところ、「塾・習い事」が約69パーセント、「海水浴やキャンプなどの体験」が約25パーセント、「お祝い」が約20パーセント、「部活動」が約14パーセントとなっています。

いち当事者だった僕には、相対的貧困のつらさが身に染みているだけに、今、自分が暮らしている日本の貧困問題を見過ごすことはできません。

第2章
このままじゃダメだ！
日本の「相対的貧困」

知っていますか？「日本の子どもは7人に1人が貧困」

もう一回言おう。発展途上国の貧困は深刻だけど、先進国には先進国の深刻な貧困問題がある。

本当に？　と思うかもしれません。僕が生まれ育ったアメリカのGDPは世界第1位（もしくは2位、計算法によって）、みなさんが生まれ育った日本は世界第3位、ともに経済大国なのに、と。

とくに日本は高度経済成長期に確立した「一億総中流」という観念がいまだに根強いようです。そういう意味では、国民の共通認識として格差や貧困を自覚しているアメリカより、「貧困」と聞いてピンとこない人が多くても不思議はありません。

でも、日本にも確実に貧困問題はある。そんな問題意識のもと、解決に取り組んでいるいくつかの企業、団体に取材を申し込みました。主に本章と第4章は、その取材内容に基づいて書いていきます。

まず前提となる知識として、日本の貧困の実態から。

ＯＥＣＤ（経済協力開発機構）の基準によると、相対的貧困層とは「可処分所得の中央値の半分（貧困線）に満たない世帯」のこと。日本の厚生労働省も、この基準をもとに貧困率などを算出しています。ちなみに、可処分所得というのは収入から税金や社会保険料などを差し引いた、手取りの収入です。

では実際に、日本では、どれくらいの人が困窮しているのか。

厚生労働省「２０１９年国民生活基礎調査」を見ると、２０１８年の可処分所得の中央値は２４５万円／年、その半分である貧困線は１２２万円。つまり１年の可処分所得１２２万円未満の世帯が相対的貧困層に当たります。

そこから導き出された日本の相対的貧困率は15・８パーセント。さらに子どもの貧困率（「子ども（17歳以下）全体」に占める「貧困線に満たない世帯にいる子ども」の割合）は14・０パーセント。

人数にして全人口の約６人に１人、全子ども人口の約７人に１人が相対的貧困――。

貧困率の年次推移

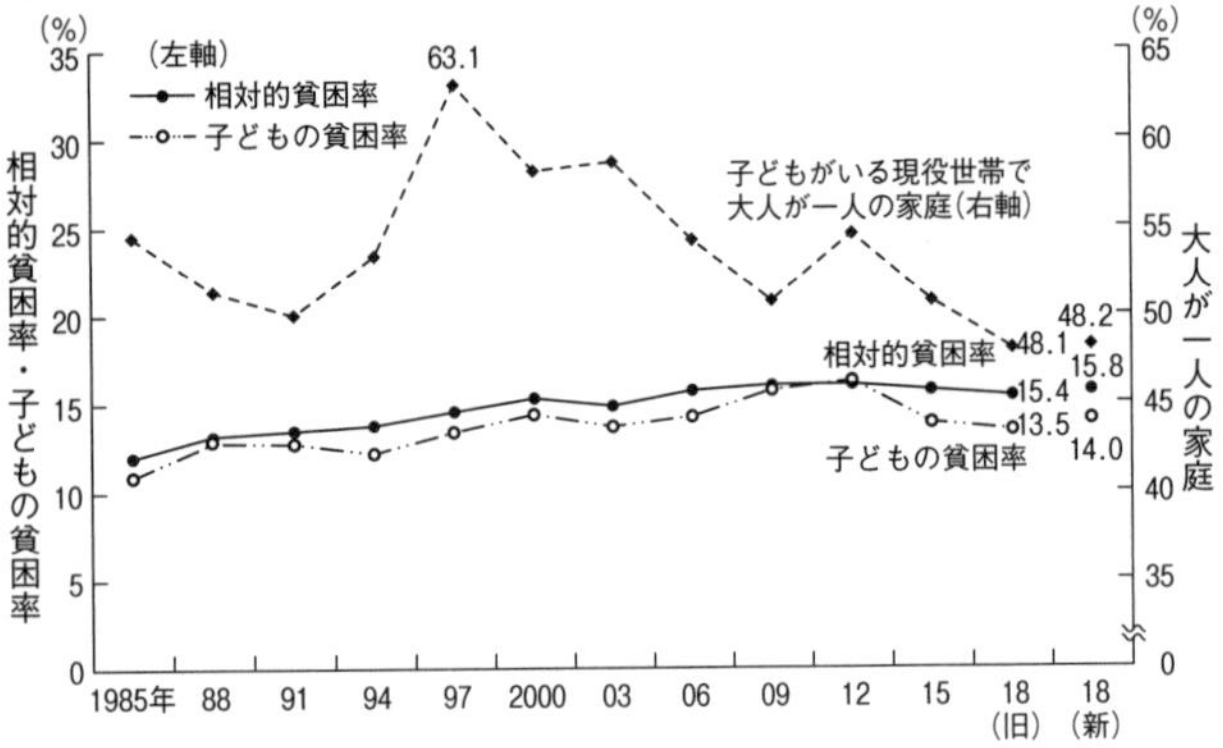

注：1) 1994年の数値は、兵庫県を除いたものである。
2) 2015年の数値は、熊本県を除いたものである。
3) 2018年の「新基準」は、2015年に改定されたOECDの所得定義の新たな基準で、従来の可処分所得から更に「自動車税・軽自動車税・自動車重量税」、「企業年金・個人年金等の掛金」及び「仕送り額」を差し引いたものである。
4) 貧困率は、OECDの作成基準に基づいて算出している。
5) 大人とは18歳以上の者、子どもとは17歳以下の者をいい、現役世帯とは世帯主が18歳以上65歳未満の世帯をいう。
6) 等価可処分所得金額不詳の世帯員は除く。　厚生労働省「2019年国民生活基礎調査」

これはショッキングな数字ではないでしょうか。35人学級だったら、経済的に厳しい家庭の子どもが5人もいることになる。

相対的貧困の家庭は、貧困線スレスレというレベルでも1ヶ月あたり約10万円で家賃、水道光熱費、食費などを賄わなくてはいけません。もちろん貧困線を大きく下回る家庭は、いっそう苦しい生活を強いられていることになります。

「ここに通っている子どもたちの家は、月に1万、2万円ではなく、

1000、2000円にも困っているんです」

こう話すのは、さまざまな事情で学習が困難な子どもたちに、学習支援を行っているNPO法人キッズドアの理事長・渡辺由美子さん。

折しも、お話を伺ったのは、新型コロナウイルスの感染拡大を受けて学校が休校になっていたころのこと。

子どもたちを少しでも元気付けようと、企業から寄付をいただき、キッズドアから全国の一万人の子どもたちに蛍光ペンや定規などの文房具と2000円のクオカードを贈ったところ、予想以上に感謝の声が大きかったそうです。

「『子どもの笑顔を久々に見ました』『こんなに素敵な文房具を、ありがとうございます』『このクオカードでお米が買えます』『久々におやつが買えます』『中学校で必要になる辞書が買えます』——と。

でも、お贈りしたのは100円～数百円くらいの普通の文房具と2000円のクオカードです。喜んでもらえてよかったと思う反面、こんなに歓喜してくださるくらい普段から困窮しているのかと思うと、複雑な気持ちになりました」（キッズドア・渡辺さん）

蛍光ペンと聞いて思い出しました。みなさんには想像もつかないかもしれないけれど、小学生のころの僕にとっても、蛍光ペンはなかなか手の届かない贅沢品だった。ほんの数百円の文房具でも買えない。ほんの200円の金銭的援助ですら大助かり。そういう家庭で育っている子どもたちが、日本にもたくさんいるのです。

「塾代がない」のではない、「昼食代」がない

キッズドアでは、学習支援のみならず、食事の提供をしているところもあるといいます。

といっても、これは当初のプランには含まれていなかったこと。最初は、家庭が貧しくて勉強の時間も場所も確保しづらい子どもたちに、とにかく学びの場を提供したかった。ところが、いざ学習支援を始めてしばらくすると、「これは勉強以前に食事だ」と思い至ったそうなのです。

キッズドア理事長・渡辺由美子さんと著者　2020年6月17日

「ここで勉強して高校に受かった子が、高校に入ってから急にやせる、ということがよく見られました。なぜかと少し理由を考えてみたら、高校になると給食がなくなるからだと思い当たりました。

親御さんはお弁当を作る時間がない。本人が作れたらいいのですが、それにも限界がある。お小遣いはもらっていても、毎日、ちゃんとしたお弁当を買うにはとても足りない。だからお昼は高校の購買で4個入り100円くらいの甘いパンを買って食べている、というのです。

中には『お金がないから〝パパ活〟（経済的援助をしてくれるパパのような存在を探す活動。経済的に余裕のある男性と一緒に過ごす対価としてお金を得る)しょうかな』なんて言い出す女の子もいたりして……。冗談めかしてはいましたが、ゾッとしました」（キッズドア・渡辺さん）

なるほど。甘いパンばかりだと、多少カロリーは取れても、栄養がかなり偏ります。栄養バランスが悪いと、体も頭もちゃんと働かないから、体力ややる気が失われ、勉強などにも身が入らなくなってしまう。

さらには言うに事欠いて「パパ活」とは、渡辺さんがゾッとしたのも当然です。貧しさとは、常にそういう不本意で暗い道、一度踏み込んだら容易には抜け出せない道と隣り合わせなのだと改めて痛感しました。

家庭環境が厳しい子どもは、学習塾に通うことができない。ここで学力格差が生まれ、学力格差はそのまま所得格差につながっている。だから富める者はますます富み、貧しい者はますます貧しくなり、格差は一向になくならない。

そんな悪循環を問題視する声は、比較的よく耳にします。でも誰もが勉強できる環境さえ整えばいいかというと、それで一挙解決とはなりません。

「キッズドアを始めたら、最初からたくさんのお子さんが来てくれました。みんなとても成績が低かった。それを見て私も最初は『家で勉強できないし、塾にも行けないからなんだ。このままでは高校に行けないから、やっぱり勉強できる環境をつくることが大事なんだ』と思っていたんです。

でも少しずつ事情が見えてくると、考えが変わっていきました。

とにかく家ではほとんど勉強していない子たちなので、週に1度、2～3時間程度では、とうてい学校の勉強に追いつけない。そこで週末には10時から5時まで勉強を見る、ということを始めました。

そうなると当然、昼食休憩が入るわけですが、お弁当を持ってくる子はほとんどいませんでした。安いコンビニ弁当を買うならずっといいほうで、100円で買えるだけ買い込んだ1個20～30円くらいの駄菓子を食べている子もいました」（キッズドア・渡辺さん）

たしかに、こんにち100円では、具なしの「塩むすび」すら買えません。

「育ち盛りの子どもが駄菓子3～4個では、当然ながら勉強に集中できません。これは食から見直さなくてはいけないと思い、まず食品メーカーに協力をお願いして3時のおやつを出し始め、続いて食事も提供する学習会もつくりました。カレーとか簡単

なものばかりですが、とにかく子どもに栄養をつけなければ、と」（キッズドア・渡辺さん）

勉強する意欲を養うにも、勉強し続けるにも、心身の健康が欠かせません。

そして心身の健康は、健康的な食事でこそつくられます。

僕も、小学生くらいのころには、フリーランチ（経済的に厳しい家庭の子どもは無料になる給食サービス）のお世話になっていました。

お金がなくても、あそこに行けばお腹いっぱい食べられる。そういう拠りどころがあることが、本当に心強かった。キッズドアに通っている子どもたちも、きっと同じに違いありません。

なぜ「家で勉強」が難しいのか？

2020年、新型コロナウイルスに世界各国が困惑しました。その中で、いわゆる

「ソーシャル・ディスタンス」を心がけるなど、新しい生活様式で暮らしていかなくてはならない。青天の霹靂《へきれき》のように、経済も社会も変わりました。

日本でも、一時は感染拡大を受けて学校が休校になりました。学校に通えない間、子どもたちの勉強をどうするのかという議論も盛んに起こっていましたね。

授業はすべてリモートにシフトすればいいのか。ではパソコンやタブレットなどハード面の拡充はどうするのか……。

こうした点も、もちろん重要。ただし家庭環境によっては、「家で勉強すること」自体が難しいという問題も見過ごせません。

キッズドアの渡辺さんが見てきた中には、「六畳ひと間のアパートにお母さんと子ども二人」など、極小住宅にひしめきあうように暮らしている家族は珍しくない、とのこと。

その「ひと間」が家族の食卓兼リビング兼寝室なのだから、落ち着いて勉強なんてできません。

「勉強部屋がない、というレベルの話ではないんです。まず勉強机がない。唯一、食事をするためのちゃぶ台はあるけれど、ごちゃごちゃと物が乗っているからノートなどを広げられない。しかも、ちゃぶ台の前にはテレビがあって、弟や妹がアニメなどを見ている……。

ある高校生は布団の上にお盆を置いて、そこにノートや参考書を広げ、ヘッドホンで周囲の音を遮断しながら大学受験の勉強をしていたそうです。

毎日、自転車で50分もかけてキッズドアに通っていた子もいます。自宅にはノートや教科書を広げるスペースがなく、勉強するとしたら膝の上しかない。でも、ここならちゃんと座って机で勉強できるし、わからないところを教えてくれる人もいるから

――と」(キッズドア・渡辺さん)

勉強したい子は、布団の上でも膝の上でも、何とか工夫して勉強するものなのかもしれません。しかし、どう考えても健全な勉強環境とはいえない。授業の予習や受験勉強はおろか、復習や宿題をこなせない子が多くても不思議ではありません。

「宿題を提出せずに叱られる子もたくさんいますが、それは怠けて宿題を『しない』のでなく、したくても家庭環境的に宿題が『できない』。そういうケースがとても多いのです」(キッズドア・渡辺さん)

先ほども触れたように、新型コロナウイルスによる休校をきっかけに「家庭での学習をどうするか」という問題が取り沙汰されるようになりました。でも、家庭環境が厳しい子たちにとって、それは何も今に始まった問題ではないわけです。

そういう子たちにとっては、いくら学校は再開されても「家では勉強ができない」という問題は解決していません。「子どもは勉強する」という当たり前の風景をいかに確保し、守っていくかは、やはり僕たち大人の責任ではないでしょうか。

「よその子」に手を差し伸べにくい日本

家庭環境が厳しくても、かつてはもっと周囲の大人が当然のように手を差し伸べていたのかもしれません。

地域社会が機能していたころは、「子どもは社会の子」という共通認識があった。

だから、他人の子どもが悪いことをしたら遠慮なく叱るし、自分の子どもの同級生がひとりぼっちだったら一緒に連れて帰り、その子の親が帰宅するまで自宅で遊ばせておく、なんていうことが自然にできていたはずです。

ところが今は地域のつながりが弱まり、隣近所の付き合いや絆みたいなものも薄れている。家庭環境が厳しい子どもたちはますます孤立し、社会から隔絶されてしまうのでは、という危惧を感じます。


キッズドアの渡辺さんが学習支援の場をつくろうと思い立ったのも、日本社会は「よその子」に手を差し伸べにくい雰囲気になっていると感じたことが、一つのきっかけだったそうです。

「たとえば、私の子どもが小学生だったころ、同じクラスに、ひとり親の子がいました。ご両親の離婚で、お母さんと一緒に引っ越してきたようだという話は伝わってきたのですが、その子のお母さんをぜんぜん学校で見かけない。PTAどころか、運動会ですら来られない。これは相当忙しいのだろうと思い、うちの子に言って、放課後は我が家で一緒に過ごすようにしたんです。すると、夕方を過ぎても、お母さんが家にいないせいなのか、なかなか帰りたがりません。育ち盛りでお腹が空くでしょうから、おにぎりを作って出したりもしましたね。

私としては、子どもが放課後から夜までずっと一人というのはよくないと思って、ごく自然に声をかけたに過ぎません。でも今の日本では、そういう発想すら働きにくいようなのです。

そんな実体験もあって、ひとり親家庭のお子さんなどをサポートする団体があったら手伝いたいと思ったのですが、その時点では該当する団体が見当たりませんでした。海外の恵まれない子どもを支援する団体や、重い障害のあるお子さんをもつ家庭を支援する団体はあったのですが、ただ家庭環境が難しい子どもを支援するというところがなくて……。だったら自分でやってみようか、と思ったのがきっかけです」（キッズドア・渡辺さん）

昔は当然のように焼いていた「お節介」が消えつつある。子どもが一人でいたら自然と手を差し伸べるような、地域ぐるみの支え合いは薄くなり、かといって外部からの支援体制が十分なわけでもない。その狭間で社会から取りこぼされている子どもは存外に多いのかもしれません。

こうした社会状況の変化は、奇妙なことに「虐待の通報件数の増加」にも反映されているようです。

「虐待問題に取り組んでいる人から聞いた話です。

ここ数年で虐待の通報電話が増えているそうなのですが、いざ通報を受けて駆けつけてみると、子どもが一人で遊んでいる。でも、ネグレクトなどではなく、ただ親が外で働いていて不在だから、一人で遊んでいるだけ、というケースが大半だといいます。

かつては、子どもが一人でいたら、まず『どうしたの？』『お母さんは？』と聞くのが自然でした。親が外で働いていることがわかれば、『うちの子と一緒にうちで遊ぶ？』『ご飯でも食べてく？』となることも多かったでしょう。

ところが今は、すぐに警察や児童相談所に通報するケースが増えている。たしかに物騒な事件も起こっているので理解はできますが、子どもにコミットする形が、こんなふうに様変わりしているのは寂しいことだと思います」（キッズドア・渡辺さん）

こういう話を聞くと、やっぱり日本社会は、子どものいる家庭に冷たいなと思ってしまいます。

別に悪意を抱いているわけではない。子どもを気遣っている人だって多いはず。だけど「関わり方」が何だか冷たいのではないでしょうか。

お互いによく見知った仲であれば、よその子に声をかけたり、自分の家の子と一緒に遊ばせたりすることも、ためらいなくできるのでしょう。

でも、地域のつながりが弱くなっている今の日本社会では、自他の間にある「見えない壁」がより分厚く、高くなっている。だから、簡単な声かけ一つですら、しづらくなっているのかもしれません。

その中で家庭環境的に落ち着いて勉強ができない、ご飯を満足に食べられない、こうして社会から取りこぼされている子どもたちが増えてしまうんだとしたら、やっぱり何かしら対策が必要です。

子どもが安心できる「居場所」をつくることの大切さ

子どもたちに勉強の場を提供しているキッズドアに加えて、教育・福祉分野で幅広い事業を行なっている日本財団にも取材を申し込みました。

お話を聞かせてくれたのは、経営企画広報部・子どもサポートチームでチームリーダーを務める本山勝寛さん。

日本財団では、近年、「家」「学校」とは別の「第三の居場所」事業に力を入れているといいます。これは、さまざまな事情で行き場を失っている子どもに居場所を提供するというもの。その主旨を、本山さんは次のように説明します。

「家庭環境や経済状況に困難を抱える子どもたちの多くは、勉強習慣が根付いていません。個々の事情は多岐に渡りますが、一つ共通しているのは、親が宿題を見てくれるとか、おもしろい本を読み聞かせてくれるとか、お金だけでは解決できない文化的・人間関係的な投資をされていないことです。

意欲的に物事に取り組める精神的土壌を培う、それ以前のところで、さまざまなハンディを背負った家庭の子どもたちは立ち止まってしまっているのです」

そこで日本財団が取り組んでいるのが、放課後に家で一人になってしまう子どもの居場所をつくること。学童保育に似ているようにも思えますが、学童と違うのは、ケアの手厚さだそうです。

日本財団・本山勝寛さんと著者　2019年10月16日

「たいていの学童は何十人という子どもに対して、大人は数人という体制です。オブザーバーとして見守ることはできても、たとえば勉強を教えたり、ケンカなど子ども同士の問題解決を手伝ったりなど、積極的に関わるのは難しい。そこで疎外感を抱き、学童に行きたがらなくなる子どもも少なくありません。

そこで私たちが取り組んでいるのは、家でも学校でもなく、さらには学童より手厚いサポートを提供する場所づくりなのです。

家に帰っても親がいない。学校では勉強についていけないし、友だちともうまく付き合えない。そんな問題を抱えがちな子どもたちに、必要に応じて勉強を教えたり、一緒に食事を作って食卓を囲んだりという温かい居場

所をつくれたらと考えています」（日本財団・本山さん）

なるほど、「家」「学校」とは別の「第三の居場所」というわけですね。居場所とは、ただ自分の肉体が存在する場所、という意味ではありません。居場所とは、自分という人間の存在が受け入れられている場所。自分を丸ごと受け止めてくれる人がいてくれる場所。

だから、ひとりぼっちで家にいなくてはいけない時間が長い子や、学校や学童で疎外感を抱く子にとっては、家も学校も学童も「居場所」とはいえないのです。居場所＝いつでも受け入れられ、いつでも戻ってこられる場所があるから、何事にも挑戦できるし、失敗しても立ち直れる。他の誰かのために居場所をつくってあげることもできる。

このように、「自分の居場所がある」というのは、すべての人間にとって非常に重要です。成長期の子どもたちにとってはなおのこと。

日本財団の「第三の居場所」事業は、居場所を見失いがちな子どもたちにとって、今後、生きていくうえでの重要な土台、ライフラインになり得るといってもいいと思います。

「周りの子に暴言を吐く子や、まったく落ち着いて椅子に座っていられない子、今まで宿題をやったことがない子、いろいろです。でも第三の居場所に慣れてくると、だんだん落ち着いてくる。いわゆる問題児扱いされていた子でも、こちらがじっくり時間をかけて話を聞いたり、ケンカの仲裁をしたりするうちに、友だち関係がよくなり、一緒に勉強できる、遊べるなど成長が見られるのです」（日本財団・本山さん）

また、貧困については児童虐待の関連性も指摘されています。

生活不安によって精神的に追い込まれた親の鬱憤《うっぷん》が、子どもに向いてしまう。児童虐待に怒りの声を上げるのなら、その背景にまで目を向け、本質的な解決策を考える必要があるでしょう。

日本財団の「第三の居場所」事業には、その点でも期待できます。

「この事業は、虐待の予防も念頭に置かれています。子どもと少し距離を置くことで、親の気がラクになる。経済的、時間的に少し余裕ができるだけでも、子どもとじっくり向き合えるようになり、親子関係がよくなっていきます」（日本財団・本山さん）

そういう意味では、子どもの第三の居場所は、親にとっても大切な場所なんですね。

4年前から始まり、現在は37拠点（2020年11月20日時点）にまで広がっている「第三の居場所」事業については、近々に試算を出し、税金からの予算獲得を目指して行政に働きかけていきたいとのことでした。

そんな税金の使い方ならば、いち納税者としても大歓迎です。

「一億総中流」の思い込みから生まれる悪平等

日本は高度経済成長期を経て、アジアきっての経済大国になりました。

その中で、みんなが「そこそこ、いい暮らし」ができるようになった。いわゆる「一億総中流」時代の到来です。それ以降、日本人は、みんな中流かそれ以上だから、この国には貧困なんてない？　本当にそうなら言うことなし。

しかし少しでも実情を知ろうとすれば、一億総中流など、とうに終わっていることがわかるでしょう。そもそも「約1億もの人が総じて中流」なんて、あり得ないのではないかとも思ってしまうけれど、それは置いておくとして……。

今の日本社会では、人それぞれ、暮らしぶりは大きく異なります。億単位のお金をポンと出せる人、100万円や10万円をポンと出せる人、そういう人たちと同じ時代、同じ国に、1000円や2000円に困っている人もいる。

この国に暮らす以上、僕たちは、この国の実情を知って暮らさなくちゃいけないと思うのです。そうでなくては、人知れず苦しい思いをしている人たちを、さらに苦境に追い込むことになってしまいかねません。


キッズドアの渡辺さんは、ご自身の子育てから、こんな体験談を話してくれました。

「経済的に厳しい家庭の子は、修学旅行にも行けないことがあります。修学旅行の費用はもちろん各家庭が負担するわけですが、行き先によっては、かなり高額になってしまう。そのお金が出せない家庭もあるということにまで想像が及ばないんです。

お金が払える家の子は行く、払えない家の子は行かないということではなく、たとえば全員が出し合ったお金をプールして、そのお金で全員分を賄えるくらいの行き先に決めれば、みんなが修学旅行で楽しい思い出をつくれると思うのですが……」

人それぞれ抱えている事情は違う。1の負担を0・5に感じる人もいれば、2や3に感じる人もいます。

そこに想像が及ばない人が多いのだとしたら、「みんな等しく、そこそこ豊か」という思い込みがあるからなのでしょう。一億総中流的な観念が、いまだに根強いと感じざるを得ません。

こうした思い込みは、金銭面以外のところに影響する場合もあるようです。

「学校には部活がありますよね。経済的に苦しい子は、あまりお金のかからない部活に加入すればいいのですが、問題はお金のことだけではありません。

部活にはお茶の差し入れ当番など、親が関わらなくてはいけない場面がけっこうあります。でも、ひとり親の方などは土日もなく忙しすぎて、なかなか当番をこなせない人もいます。

だったら、できる人たちだけで、やりたい人だけで当番を回せばいい。でも、そういう提案をすると、『それは不平等』『みんな等しく分担しなくては』という声が過半数になるんです。

結局、当番をこなせない事情のある人は居心地が悪くなってしまって、子どもに部活を諦めさせざるを得なくなってしまうという……。この例に限らず、『等しく負担』が悪平等につながってしまうという場面には、よく遭遇しました。

みんな自分の子育てに精一杯で、他の家庭をサポートするという発想が働きにくいのかもしれない、とも感じましたね」（キッズドア・渡辺さん）

それぞれ事情が異なれば、できることの度合いも異なります。

その中での本当の平等とは、同じものを同じだけ負担することではなく、それぞれの事情に応じて「実感する負担の度合い」をそろえることではないでしょうか。

1の負担を2と感じる人は半分だけこなし、1の負担を0・5にしか感じない人は倍こなせばいい。結果的に「実感する負担の度合い」は、ともに1になるのだから、誰も不満はないでしょう。

苦しい人の事情に少し想像力を働かせれば、「あの人は半分でいいのに、私は倍もこなさなくてはいけない」といった不平が生じずに、むしろ「私、できるよ！」と快く申し出ることができるようになるはずです。

子育ては支え合いの連続であり、振り返ってみれば自分だって、他の面では誰かにサポートしてもらっているに決まっているのだから。

僕にもこんな経験があります。

子どもの学校のＰＴＡの会議で、卒業式の謝恩会のイベントを相談していたときのこと。僕は、子どもたちの成長の記録をスライドショーで流したら盛り上がるんじゃないかと提案しました。

この案には、他の親御さんも乗ってくれました。ところが、そのための設備をレンタルする予算がない。それはぜひとも僕に払わせてほしいと申し出たのだけど、「一人が負担するのは不平等だから」ということで却下されてしまったのです。

とても残念に思いました。レンタル費用は僕にとって大した負担にならないし、何より、自分がスライドショーを作ってみんなに自慢したかったから。

それに妻はしっかりやっていましたが、僕自身は普段、忙しくて、あまりＰＴＡの活動に時間を割けませんでした。いつも申し訳なく思っていたので、学校生活の最後に、せめてものギフトとしてスライドショーの費用くらい出させてほしかった。

それぞれ事情が異なる中で、同じものを同じだけ負担せよというのは、悪平等にしかなりません。

時間を提供する人、お金を提供する人、あるいは時間でもお金でもない、別のことを提供する人。それぞれができることを、できる範囲ですればいい。そういう共通認識が広がれば、どんな家庭環境の子どもでも、より生きやすくなるはずです。

まずは、「人それぞれ事情は違う」「自分にとっては何でもないことでも負担に感じる人がいる」という可能性を、常に頭に置いておくことが大きな一歩になるのではないでしょうか。

「どうなりたい？」と聞いてもらえない子どもたち

経済的に恵まれていない子どもは、どうやって将来の道を決めているのでしょう。

中学校までは義務教育ですが、高校はどうするのか、高校卒業後は就職するのか、専門学校に行くのか、大学進学を目指すのか。そういうことを考える機会が、そもそも圧倒的に不足しているようです。

「彼らの周りには、『将来、どうなりたいの？』と聞いてくれる大人がいません。親は仕事で忙しく、そこまで気が回らない。子どもが希望を示しても、情報を調べたりなど、希望を叶える方法を一緒に考える余裕がありません。

学校の先生も残念ながら、あまり頼りにできません。中には生徒の進路設計に積極的に関わろうとする人もいますが、私が知る限り多くはありません。もちろん中学2年生、高校2年生になると、学校で進路希望を記入するプリントは配布されます。とはいえ、白紙で提出した子のフォローまでは手が回りません。

親も先生も忙しいので、仕方ないといえば仕方ない。でも、誰からも将来について問われないために、多くの子が自分の将来を見据えることなく、何となく学校を卒業するという実態は変えていかなくてはいけないと思います」（キッズドア・渡辺さん）

将来について考える機会を持てないまま、「何となく学校を卒業」する子たちは、その後、いったいどうなるんだろう？　そう考えると、この問題もやはり放置するべきではないのではないでしょうか。

今は高度な情報化社会であり、インターネットでいろいろな情報を得ることができるようになっています。だけど子どもが「自分はどうなりたいのか」と考える最初のきっかけは、周囲から「どうなりたいの？」と聞かれることなんですね。

キッズドアでは、子どもたちへの問いかけに加えて、希望を叶える具体的な道すじを示すことも多いといいます。

たとえば、高校に行きたいという中学生には志望校の偏差値を目指して勉強するように励ます、大学に行きたいという高校生には「指定校推薦」について説明する、「奨学金」の情報を与える、など。

また、高校、大学といった直近の進路だけでなく、もっと遠い未来のこと、どんな職業につきたいのかについても、積極的に関わるようにしているそうです。

たとえば「動物が好きだから動物に関わる仕事がしたい」という子がいたら、獣医からトリマーまで、さまざまな動物関連の仕事の選択肢を見せ、どうやったらなれるのかも一緒に調べる。実社会で働くイメージを育てるために、協力企業の現場で職業体験をさせてもらう、など。

キッズドアに勉強を教えに来ているボランティアの人たちと触れ合うことも、じつは貴重なキャリア教育の機会になっているようです。身近な大人を通じて、子どもたちは社会を知っていく。そこで生きる自分の姿を思い描き、夢や目標を育てる。なりたい姿が見えると、そのために努力することができます。

自然と勉強に対する意欲が高まるし、何より目標に向かってがんばっていると、生きることが楽しくなる。自分にはいろんな将来があり得るんだと思えることが、人生の活力になるのです。

自転車、家族旅行、大学は「贅沢」なの？

生活保護を受けている家庭の子どもが、大学進学を目指す。参考書が買えない、塾にも行けないという中で、これは本人にとっても家族にとっても大きな挑戦です。目の前に立ちはだかるのは、経済的な問題だけではありません。「生活保護を受けているのに、働かずに大学に進むの？」――そんな世間の価値観が障害となることもあるようなのです。

今、「世間の価値観」といいましたが、それは制度設計にも明確に現れています。日本の生活保護制度は、生活保護を受けながらの大学進学を原則的に認めていません。つまり「貧しい家庭の子どもは、高校を卒業したら働いて家計を助ける」ということが前提になっているのです。

生活保護は世帯に対して支払われます。大学に入りたいのなら、生活保護対象の世帯から外れる「世帯分離」という手続きをしなくてはいけません。いわば「口減らし」のようなもので、その世帯に支払われる生活保護費は減額されてしまいます。

つまり端的にいえば、「大学に行きたければ、国からの生活費の援助なしに自活しなさい」ということ。さすがに自分でアパートを借りなさいとはいわないまでも、「書類上は独立しているのだから、一人減った分支給額は減らしますよ」と。

ずいぶんひどい話だと思いませんか？　乱暴な言い方をしてしまえば、これは「貧乏人は早く働け」「大学に行くなんて贅沢まで国は面倒見ないよ」ということでしょう。深刻な問題だと思います。

この問題の深刻さを、キッズドアの渡辺さんは「剥奪《はくだつ》指標」という言葉も交えて説明してくれました。

剥奪指標とは、「生活に不可欠なモノやサービスが、どれくらい充足しているか」を示す指標のこと。貧困家庭に、具体的なモノやサービスを項目化した質問票を配布し、「○（ある）／×（ない）」で答えてもらったものを集計して算出されます。

たとえば「冷蔵庫はありますか？」という質問に「×」と答えた家庭は、「冷蔵庫という生活必需品が『剥奪』されている（冷蔵庫を剥奪されるほどの経済状況にある）」ということ。

剥奪指標を用いると、このように、細かい項目から個々の家庭の生活レベルを「見える化」できる。すると単なる所得額だけでは見えてこない、貧困家庭の実態を捉えることができるのです。

さて、ここで問題になるのは、「あるモノを持っていない」「ある条件が満たされていない」という状態を、世間が「剥奪」と見なすかどうか。その点で日本と欧米とでは、国民意識に大きな差があるようだと渡辺さんは指摘します。

電気、ガス、水道、こうしたインフラが欠けている状態は、おそらく誰もが「剥奪」と見なすでしょう。これらが最低限の暮らしに必要不可欠だということに、誰も異論はないだろうから。

だけど、たとえば子どもが勉強するスペースがないのは？　夏休みに家族旅行に行けないのは？　自転車がないのは？　車がないのは？　これらが満たされていないことを、「誰もが満たされていて当然のものが奪われている状態」と見なすかどうか。

日本には古来、「清貧《せいひん》の思想」がある。そのせいなのか、渡辺さんがさまざまな資料に当たったところ、日本人は何かを「剥奪」と見なすレベルが非常に厳しいそうなのです。

お金がないなら、勉強スペースがなくても仕方ない、家族旅行に行けなくても仕方ない、自転車や車がなくても仕方ない。これらはぜんぶ贅沢なのだから、我慢して当然——と。

みなさんはどう捉えるでしょう。「そりゃそうだよね」と思いますか？

先ほど述べた「大学生は生活保護世帯から分離すべし」という制度設計も、剥奪と見なすレベルが厳しい社会通念と地続きに思えます。

日本は、まぎれもなく先進国です。日本人は、しばしば外国人から「親切な人たち」と評されます。にもかかわらず、自国内の恵まれない人たちに対してこんなに不寛容であっていいのだろうか。とても疑問です。

「苦学生」は、学生生活を楽しめなくても仕方ない？

僕は自分自身が当事者だったこともあり、経済的に大変ながらも大学進学を目指している子たちには、自然とシンパシーを感じてしまいます。

勝手に「同志」と思っているといってもいいかもしれない。だから、大学に進んだ子たちの学生生活や、その後の人生がどんな感じなのかも、非常に気になるところなのです。

大学進学がゴールではなくて、その先もずっと人生は続いていきます。

ぜひとも大学生活を満喫しつつ将来を見据え、社会へと飛び立ってほしい。だけど無事に就職してお給料をもらう生活に入ってからも、他の人にはないお金の問題がついて回るというのは、自身の経験からも容易に想像がつきます。

なぜなら、経済的に大変な子たちは、たいてい学費を奨学金で賄っているだろうから。

奨学金。「学ぶ」ことを「奨励」する資金。字面こそ美しいけれど、奨学金には給付型と貸与型の2種類があり、貸与型の奨学金は、要するに国からの「借金」です。借金だから、当然、返さなくてはなりません。月々1~4万円を、多くの場合は長期間にわたって返済し続ける。この負担が、卒業後、働き始めてから重くのしかかる場合が多いのです。

アメリカでも、日本でいう奨学金が返済できずに困窮する「学資ローン破産」が、ずいぶん前から問題視されています。

日本の奨学金は無利子~最大3パーセントと聞きますが、アメリカの学資ローンには、もっと高い利子がつきます。学資ローンの返済のために、また高利の借金を重ね、首が回らなくなってしまうのです。僕も、給付型の奨学金ももらいましたが、一部学資ローンでも大学に行った身なので、完済するまでは必死。

僕の時代からアメリカの学費が急増し、今や数百万円〜数千万円分の借金で卒業する人も多い。彼らはいつ破綻するかという不安を常に感じながら暮らすことになるのです。

翻《ひるがえ》って日本の奨学金制度に目を向けてみると、どうなのでしょう。

日本財団の本山さんに聞いたところによると、日本学生支援機構は、2020年4月の進学・進級分から給付型奨学金の対象を広げるという制度改正を行ないました。

経済的に厳しい学生は、学費の減額・免除の対象にもなりますが、これは所得や世帯人数、自宅か自宅外通学かによって基準が定められているとのこと。奨学金の制度改正の流れで、各大学でも学費の減額・免除の仕組みを拡大してくれたら、大学の門戸は、誰に対しても、より広くなるでしょう。

ただ、今現在の実情として、学生の生活はだいぶ厳しいようです。

かつてキッズドアで勉強し、大学進学を成し遂げた子が、今度は勉強を教えるアルバイトやボランティアとしてキッズドアに通っている。そういうケースも多いそうで、渡辺さんは、かつての教え子の生活ぶりを目にすることもよくあるといいます。

たとえば、ボランティアたちとお疲れさま会をしようにも、「お金がないので……」と参加を渋られる。そうなると選択肢は、安いチェーンの定食屋でランチするか、ファストフード店でお茶するか。それではあんまりなので、渡辺さんが食事代や飲み代をもつことも少なくないそうです。

「貧困家庭は1000円や2000円にも困っているという話をしましたが、そういう状態が大学生になっても続いている感じです。みんなアルバイトをしています。それは遊ぶお金をつくるためではなく、生活費を賄うため。そういう実情も行政側には見えていないように思えて、非常にもどかしいですね。

学生生活は今だけなので、私としては勉強だけでなく、もっと青春を謳歌《おうか》してほしいのですが、授業に出席し、生活費を稼ぐためにアルバイトのシフトを詰め込むだけで、まったく楽しむ余裕がないように見えます。これは高校生も同様です。

さらに、大学を卒業してからは奨学金の返済が待っており、『そんなんじゃや、結婚して家庭を持つなんて考えられない』とこぼす子もたくさんいます」（キッズドア・渡辺さん）

日本には「苦学生」という言葉もありますね。

単に「経済的に厳しい学生」というだけでなく、「立身出世を夢見て、脇目も振らず学業に専念している清廉潔白な学生」というニュアンスが漂っています。どこか「清貧の思想」とも相通じているような。

せっかく大学に入ったのだから目いっぱい勉強をがんばれ。時間を無駄にするな。学生生活を楽しむなんて贅沢だ。そんな通念が苦学生を窮屈にさせているのでは？

そう感じてしまうのは、僕だけでしょうか。

「おじいちゃん政治家」には見えない現実がある

貸与型の奨学金では、大学卒業後に、月々約1～4万円を返さなくてはいけない。

それがどれほど大変なことなのか、制度を作る人たちは想像できていないのかもしれません。

「今、制度設計を決定する政治家たちは団塊の世代の前後くらいですよね。つまり多くが高度経済成長期に幼少時代を過ごし、大人になってからはバブル期の恩恵を受けた。たいていの会社は残業し放題で、固定給に加え、残業代として月にプラス5万、10万円くらいは簡単に受け取れたんです。私自身、その時代の空気は吸ったことがあるので、よくわかります。

そういう、おじいちゃん世代の人たちには、たとえば『手取り20万円弱の給料のうち数万円を返済に回す』という今の実情なんて、想像もできないでしょう。

現にキッズドアのシニアボランティアにも、ここで大学生ボランティアなどと接する中で、その切々たる生活事情を知り、『今の若い子は大変なんだな』『自分らの時代とはずいぶん違うんだな』なんていう感想を漏らす人がよくいます。

政治家には実情が伝わっているんじゃないかとも思うんですけどね……。ただ、企業の方などは本当にご存知ないようで、興味をもっていただいた企業さんに説明に伺うと、社員の人たちが涙を流して『知らなかった。ぜひ、そちらの取り組みに協力させてほしい』といってくださる場合が多いのです」（キッズドア・渡辺さん）

実情を知らなければ、助けようがありません。ということは、知ってもらいさえすれば支援の輪はぐんと広がる可能性が高い。知っている立場からの周知活動も大切なんですね。本書も、その役割の一端を担えたらと思います。

もちろん行政側の変化も期待したいところですが、実際のところ、どうなのか。時代は常に移り変わっています。本当は「今現在の実情」を理解しやすい現役世代が制度設計を担うのが一番いいと思うのですが、なかなか大御所たちは中枢から退いてくれません。

現在、中枢にいる人たちが青春を過ごした時代と今とでは、だいぶ世相が違うことは明らかです。かといって、現代に生きる若者の状況を我が身のものとして実感してくれ、というのも難しいでしょう。

しかし、それならそれで知る努力をしてほしい。知ったうえで、現代的事情に本当に見合った制度設計に取り組んでほしい。ただ知らない、想像が及ばない、そんな理由で若い人たちが苦しむのだけは、もうやめにしていくべきです。

と同時に、少しずつでも中枢部での世代交代が進めば、また違ったステージへと変わっていくはずです。もっと多様な人々が政策決定や制度設計に関わるようになることで、古い価値観で凝り固まった政策・制度にも風穴が開くに違いありません。

その中で、より効果的な施策も生まれやすくなっていくのではないか。そんな未来にも期待したいところです。

日本のセイフティネットは、本当に手厚いのか

日本の貧困問題についてキッズドアや日本財団の方にお話を伺ってみると、改めて、制度的な不備は大きいと感じざるを得ません。

「日本は他国に比べてセイフティネットが手厚いから、困ったら頼ればいい」なんていう声を耳にすることもありますが、本当に十分なのでしょうか。

2020年の新型コロナウイルスのパンデミックの影響で、世界中で経済活動が停滞しました。

その影響を真っ先に食らったのは貧困層です。日本でも多くの企業でバイト切り、派遣切りが行なわれ、少ないバイト代や派遣社員の給料で細々と暮らしていた人たち

は、明日をも知れぬ身となってしまいました。

この問題はメディアなどでも大きく取り上げられ、早急かつ有効な支援策の必要性が叫ばれています。しかし本当のところを見れば、これはコロナ禍という非常事態下で初めて生まれた問題ではありません。

たまたまコロナ禍をきっかけに「見える化」しただけで、子どもたちが文房具を買えない、教科書を買えない、お腹いっぱい食べられないといった問題、そして貧困層に対する支援策が十分でないという問題は平時のころからずっとあった。

あまり取り沙汰されることがなかったのは、ただ社会側がちゃんと関心をもって考えてこなかったからなのです。

平時での支援が薄いために、今回のパンデミックのように何か危機が起こると、それまでギリギリでやってきた人たちは一気に困窮してしまう。これで「日本のセイフティネットは十分」とは、とても言えないでしょう。

中でも、やはり経済的に恵まれない子どもたちへの公的支援が、何とかもっと分厚くならないものだろうかと切に思います。

「私たちが支援している子どもたちの家庭は、収入額でいえば、ほとんどが生活保護対象です。それでも申請しない家庭が多い。なぜなら、わずかでも『資産』があると、たいていは生活保護を受けることができないからです。

たとえば、せめて子どものためにと、毎月少しずつコツコツ積み立ててきた学資は資産と見なされる。車を持っていると生活保護を受けられないケースも多いようです。でも車をなくしたら、公共交通機関が充実していない地方の家庭はスーパーへの買い出し一つにも困りますし、子どもの学校の送り迎えなどもできません。生活必需品の車もダメというのは理不尽ではないでしょうか」（キッズドア・渡辺さん）

生活保護を申請したほうが、当然、生活は楽になる。でもそれと引き換えに、子どもの将来や生活のために必要なものを手放さなくてはいけないなんて。

一方には、ひとたび生活保護を受けると、そこから抜け出せなくなるという問題もあるのでしょう。所得が上がると、生活保護費を減額されたり、生活保護の対象から外されたりするので、いっそあまり働かずに生活保護を受けていたほうが合理的。そう考えてしまう人がいてもおかしくありません。

生活必需品すらも投げ出して「持たざる者」にならなくては、生活保護の対象とは見なされない。生活保護を受けたら受けたで、「持たざる者」から抜け出せなくなる。これでは「貧しい人は貧しいままでいる」しかなくなってしまいます。

「セイフティ〝ブランケット〟」が必要！

現状の生活保護は、いわば溺《おぼ》れかけている人を沈まないようにはするけれど、陸に上がる手助けはしない制度になっているように見える。だとしたら、いったん海に落ちてしまった人たちは、どうやって子どもの未来を守り、育んでいけばいいというのでしょう。

キッズドアの渡辺さんのところには、「家賃が払えないので、このままでは子連れでホームレスになってしまいます」といった悲痛なメールが届くこともあるそうです。「生活保護などの公的支援についてご案内したりもするのですが、そのように追い詰められてしまう人がいること自体を私たちは問題視しています。

困ったら国が助けてくれるという実感がない。だから、なかなか公的支援について調べたり申請したりという発想になりません。コロナ対策で政府が打ち出した緊急小口資金貸付なども、自分とは無関係だと思ってしまっている。そういう人がいる時点で、セイフティネットがちゃんと機能していないのではないかと思うんです。

それに政府が出すものって、たいてい複雑で面倒ですよね。じっくり読まないと理解できないし、ある程度、時間を割かないと手続きができない。私たちのほうで政府の通達をごく簡単な言葉に直して、親御さんにお知らせすることもありますが、そもそも『当事者のほうから申請しないと支援しない』というのもおかしいと思います」

（キッズドア・渡辺さん）

たしかに、政府の案内や書類って、どうしてあんなにわかりづらいんでしょうね。

せっかく策を打ち出し、それは個人の救済にも、経済の促進にも（そして政府の支持率アップにも！）、役立つはずなのだから、発信元である政府が、もっと情報の周知に手を尽くすべきではないでしょうか。

もっといえば、行政のほうで勝手に計算して、困っている人への給付額を通達してくれたらいいのに。そう考えるのは、求めすぎなのでしょうか。税金は勝手に計算して徴収額を通達しているのだから、システム的には可能でしょう。

あるいは「障害者手帳」のように、貧困家庭に何かしらの証明書を発行して、生活に必要なサービスを無償で受けられるようにするとか……いろいろとやりようはあるはずなのです。

小難しい政府からの通達文書を読みこなし、手続きを完遂させるのは、心と頭に余裕があってもひと苦労。貧しい人たちはなおのこと、日々の生活に心も頭も精一杯で、情報へのアクセスが悪くなりがちです。

こうして本当に必要なところに支援が届きづらいという、もどかしい状況が日本のあちこちで生じていることは間違いありません。


厚生労働省の「2019年　国民生活基礎調査」を見ていたら、ある象徴的なデータが目につきました。

日本のひとり親家庭の貧困率は48・2パーセントで、OECD諸国のうち最悪。

「ひとり親の8割以上はシングルマザーですから、このデータの一つの背景として、日本では、まだまだ子どもをもつ女性が働きづらいことがあるのではないでしょうか。

ですから、働きたい女性のスキルアップを支援するとか、託児所のある職場を増やすなど、シングルマザーが働きやすい環境をもっとつくっていくことも、貧困対策の一環として重要だと思います」（日本財団・本山さん）

こういうお話を聞いても、日本のセイフティネットは、やっぱりまだまだ不十分に思えてなりません。

セイフティネットは、しょせん、穴だらけの「ネット＝網」に過ぎない。その隙間をぜんぶ埋めて、セイフティ〝ブランケット〟にしていく必要があるでしょう。

とはいえ、お上の変化を待っているだけでは、その間に、今まさに困っている親たち、子どもたちはどんどん置き去りにされてしまう。

公的支援がもっと手厚く、行き届くように声を上げつつも、機動性の高い民間の力を発揮しない手はありません。僕たち一人ひとりが、自分にできる何かを始めることが求められているんだと思います。

子どもの貧困対策は「福祉」ではない、ローリスク・ハイリターンの「投資」だ

英語には「It takes a village to raise a child.」という格言があります。もとはアフリカに伝わる格言のようなのですが、日本語に訳すと、「子どもを育てるには村が必要」ということ。

子育ては親だけでなく、周りの人たちの助けも借りながらするもの。そうして大きくなった子どもが、今度は周りの人たちを支える、というのが社会の成り立ちなのだから、子育てには村、つまりコミュニティの協力が不可欠というわけです。

貧困家庭に対する支援をもっと分厚くすること。

とくに子どもの教育に対する公的資金は惜しむべきではない。

こういう話に対しては、決まって「そんな財源は確保できない」という批判の声が上がりますが、もっと長い目で考えなくてはいけないと思います。

子どもは、当然ながら、いずれ大人になり、国に税金を納めるようになる。どんな大人になり、どれくらいの税金を納めるかは、どんな教育を受けたかということと切り離せません。

世帯の収入が高ければ高いほど、子どもの学力も高い。

学力・学歴の差は、将来の賃金格差につながる。

比較的よく知られており、データの裏付けもある話ですが、これは言い換えれば、よりよい教育を受けた子どもほど、より多く税金を納めるようになる可能性が高いということです。とくに所得税は、所得額に応じて算出されるのだから。

現に日本財団と三菱ＵＦＪリサーチ＆コンサルティングの試算では、こんな数字も出ています。

「貧困家庭を放置することにより、１学年あたり２・９兆円の経済損失と１・１兆円の政府支出がもたらされます。また、正規職は９０００も失われます。これらの社会的損失は、結果的に国内市場の縮小、労働生産性および参加率の低下、社会保障負担の増加につながります」（日本財団・本山さん）

つまり、こういうことです。

貧困家庭を放置すると、子どもが大人になってから得るであろう所得が減る。それが1学年につき2・9兆円。さらには、貧困家庭を放置すると、その子どもは将来的に国にお金を納めるのではなく、生活保護など、国からお金を受け取るようになる可能性が高くなる。その政府支出が1学年あたり1・1兆円。

このように、あるはずの国民所得がなくなるうえに、ないはずの政府支出が生じることで、1学年あたり合計4兆円、0歳から15歳までにひろげると、所得損失が42・9兆円、政府支出が15・9兆円、合計58・8兆円もの社会的ダメージになるということです。

「ここで重要なのは、貧困家庭に対する支援には58・8兆円もかからないということです。つまり支援のために費やされる金額よりも、将来的に得られる金額のほうが大きくなる。だったら支援しない手はないでしょう、という話です。これは将来リターンの見込める『投資』なのです」（日本財団・本山さん）

学力と世帯収入の相関

・世帯収入が高ければ高いほど、子どもの学力も高いという調査結果が出ている

世帯収入と学力の相関（全国学力テストの正答率―小学６年生）

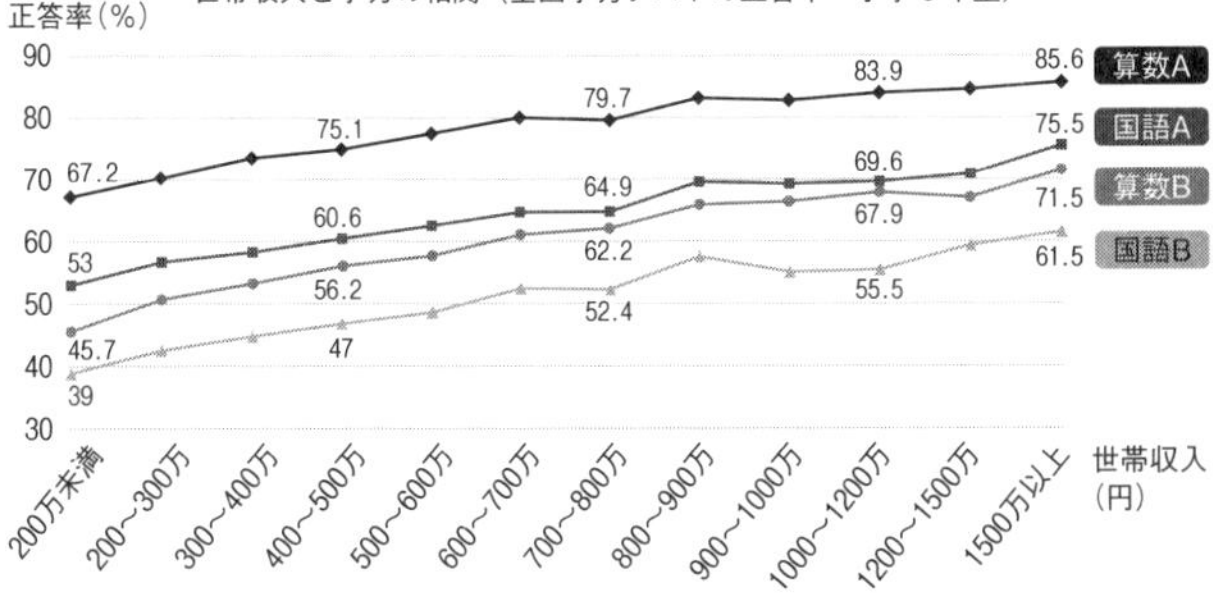

お茶の水女子大学（2013）「学力調査を活用した専門的な課題分析に関する調査研究」

社会的損失

・子どもの貧困問題を放置することにより、１学年あたり、2.9兆円の経済損失（所得減）、1.1兆円の政府の追加的支出（税・社会保障の純負担減）がもたらされる可能性（日本財団試算）

子どもの貧困の社会的損失の推計（現在15歳の約18万人）

	所得	国の財政支出	正規職就業者
現状シナリオ	22.6兆円	5.7兆円	8.1万人
改善シナリオ	25.5兆円	6.8兆円	9.0万人
差分	2.9兆円	1.1兆円	0.9万人

日本財団（2015）「子どもの貧困の社会的損失推計」

先ほど、子どもの教育に関わる公的支援は長い目で考えなくてはいけないと言ったのは、まさにこういうこと。

貧困家庭の支援というと「福祉」と捉えられがちです。

でも、支援によって経済的に苦しい家庭の子どもたちがきちんと教育を受け、将来は納税者になると考えれば、福祉と考えるのはナンセンスです。本山さんのいうとおり、これは「投資」なのです。それも「ローリスク・ハイリターン」の。

僕は投資家でもありますが、こんなによくできた投資案件は、そうお目にかかれるものではありません。

日本は、OECD国の中でも、GDP比で教育にかける公的資金がほぼ最下位。同時に、教育の私費負担割合は韓国に次いで2位です。

貧困家庭の支援も含め、社会の財産である子どもに資金を投じなければ、日本という国の力が削がれてしまう。このままでいいはずがありません。

各国のGDPに占める教育の公的支出の割合

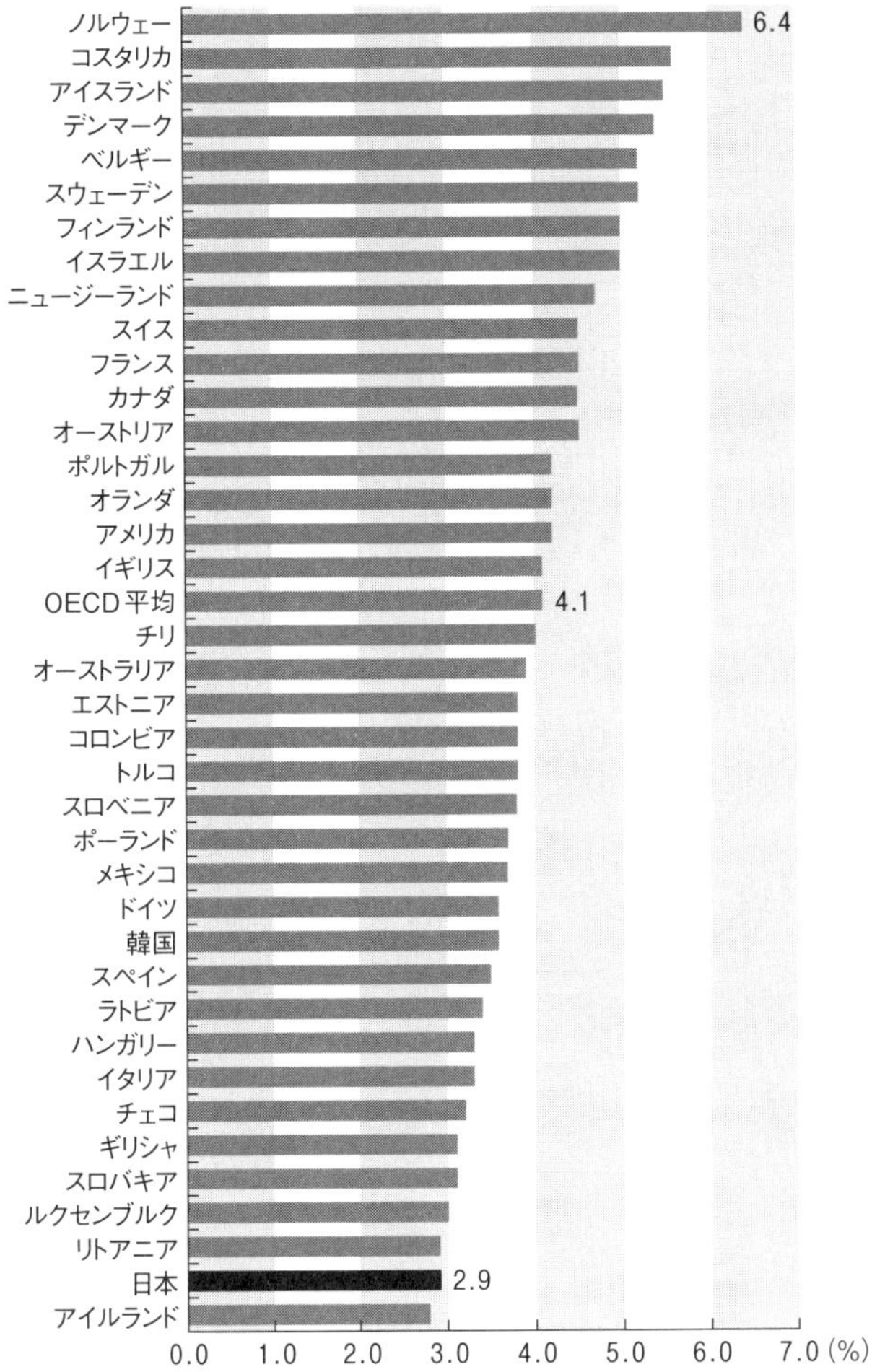

OECD「図表でみる教育2020」から作成

第3章
「貧乏だから」では済ませない
――僕の生き方戦略

貧乏だったから勉強も部活もがんばれた

幼少時代の僕の貧乏生活については、1章でお話しした通り。

でも、決して絶望はしていませんでした。

貧しいという状況に対して悲しみや怒りを感じることは多かったけれど、もともとは楽観的な性格なんでしょうね。「ないならないで、何とかしよう。大丈夫」という発想が常にあった気がします。貧しい中で子育てしていた母を助けたい、困らせたくない、という思いも強かった。

1章でも触れましたが、母と二人暮らしの家には、人からもらった古い白黒テレビが何回かありましたが、どれもすぐに壊れてしまった。新しいテレビを買うお金なんてないので、また誰かがくれるまではテレビなしの生活が続きました。

僕が読書のおもしろさを早くに発見できたのは、テレビがなかったおかげといっても過言ではありません。

テレビという手っ取り早いエンターテインメントがない中で、たくさん本を読んだ。そこで身につけた語彙《ごい》力は、ときに学校の先生をしのぐほどにもなりました。

高校生のころ、先生に添削されたレポートに自分で赤字を入れ直し、先生に突き返したこともあります。僕が正しく使っていた単語を先生が知らなくて、添削で別の単語に修正されていたからです。なんて生意気な……！

今、考えると、相当感じ悪い生徒ですね。でも、テレビを見られない代わりに本をたくさん読んだことで、自然と大学を目指せるほどの語彙力や基本知識が養われたことは間違いありません。

テレビがなかったというとかわいそうがられることも多いのですが、「それも別に悪くないよ」というのが僕の正直な感想なのです。でも、そんな僕は今、テレビで生計を立てているのは少し皮肉ですね。

当時の僕にとって一番大事だったのは、母を困らせないことと、母を喜ばせること。

まだ小学生のころ、ある雪の日に、固く丸めた雪玉をスクールバスにぶつけて校長先生に叱られ、母が学校に呼び出されました。

その帰り道に母に言われた「学校に呼び出されると仕事を休まなくてはいけない。そうするとお給料が減って、生活が苦しくなってしまう」という言葉は、先生の小言の何十倍もこたえました。

そういう出来事もあって、僕は母を困らせることだけはしないようにと心がけ、同時に勉強や部活をがんばるようになりました。

テストでいい点数を取ったり、部活の試合で活躍したりすると、母が喜ぶ。これが大きなモチベーションとなったのです。

いつも忙しかった母が、試合を見に来ることは滅多にありませんでした。でも僕の活躍を報じた新聞記事は必ず切り取り、試合でもらったメダルやリボンと一緒に壁に貼っていました。それだけで、喜んでいることは十分伝わってきました。

ちなみに当時の新聞記事、メダル、リボンの類は、僕が家を出てからもずっとそのまま残っていました。

僕が30代のころに実家を改装することになって、ようやく取り外されましたが、母はすべてを写真に収めたそうです。

よほど僕の活躍がうれしかったということかな。だとしたら、がんばって良かったと今でも思います。

母直伝のセールストークでサマーキャンプ参加費をゲット!

幼少期を思い返すと、サマーキャンプのことも鮮明に甦《よみがえ》ります。

登山や乗馬、アーチェリー、射撃、キャンプ、カヌー……いろいろなことをサマーキャンプで体験しました。

また、小さいころは年長者のお兄さんお姉さんの世話になり、十代半ばにもなると今度は自分が年長者として小さな子たちの世話をする。そういう社会体験も、非常に有意義だったと思います。

しかし、サマーキャンプには当然、参加費がかかります。そこは主催団体のYMC

Aも心得たもので、「すべての子どもがサマーキャンプに参加できるように」という理念のもと、ある仕組みを確立していました。

それはButter toffee covered peanutsというお菓子をYMCAから仕入れて家々を売り歩き、その売上金をもってサマーキャンプ参加費に充てる、というもの。この仕組みのおかげで、僕は8歳のときからサマーキャンプに参加できたのです。

参加費を稼ぎ出すには、そのお菓子をうまく売りさばかなくてはいけません。そこで役立ったのが、今でもはっきりと覚えている母仕込みのセールストークでした。

日本語にすると、「こんにちは。僕はパトリック・ハーランと申しまして、サマーキャンプの参加費を稼ぐためにButter toffee covered peanutsというお菓子を売っております。いくつお買い求めですか?」

「いかが?」ではなく、最初から「いくつ?」と尋ねるのが最大のポイント。すると「買うか、買わないか?」ではなく、「買うこと」は決定事項の上で「いくつ買うか?」がテーマとなるため、売れる可能性が高くなるのです。

もちろん、セールストークを最後まで聞くまでもなく買ってくれる有志の人もいれば、逆にお菓子を持参している僕の風貌を一瞥《いちべつ》し、最初の「こんにちは。僕は……」

までも聞かないうちにバタン！　とドアを閉ざす人もいました。

母仕込みのセールストークは、そのどちらでもない、選挙でいうところの「浮動票《ふどうひょう》の獲得」にかなり役立ったと思います。


母は保険の外交員もやっていたので、セールストークのプロフェッショナルでした。その母から効果的な売り方を教わって、僕はサマーキャンプ参加費をゲットしていた。だから、サマーキャンプで体験したさまざまなことは、僕ら母子二人のチームワークの結晶なのです。

それに、このセールスを通じて得た「自分で何とかできる」という体験は、その後の僕の人生にも大きく影響しています。

「お金がないからできない」と泣くのではなく、「お金がないなら何とかしよう」という発想をもつこと。うまくいかなくても折れない心の強さ。これらが僕の生き抜く力のベースになっていることは間違いありません。

「パトリック・ハーラン」の基礎となった新聞配達のアルバイト

何不自由なく育った人と比べると、僕は「自分でお金を稼ぐ」ということをずいぶん早く始めたのではないかと思います。

サマーキャンプ代を稼ぐためのお菓子売りは数年だけ、春から夏にかけてだけやったものでしたが、新聞配達のアルバイトは10歳くらいから始め、高校卒業まで8年間毎日やりました。同級生たちが、スキー合宿に行っている間も、お泊まり会やホームパーティで遊び疲れて朝寝坊している週末にも、雨の日も雪の日も、毎日です。

最初の配達先は、今でも忘れない44軒でした。

朝5時くらいに起き、営業所から届けられた新聞に広告を折り込んで輪ゴムでパチンと留める（雨の日には、ビニール袋に入れる）。それを自転車に積み込み、1時間ほどで配り終えてから学校に行っていました。

ちなみに僕の最初の自転車は、母がクリスマスプレゼントとして買ってくれたもの。それもいい自転車でしたが、正直少しダサかった。当時は、E.T.にも登場したスポーツタイプのBMXの自転車がブームとなっていて、近所の先輩が自ら組み立てた、超かっこいいやつにものすごく憧れていました。僕は2年かけて新聞配達で一生懸命貯めこんだ貯金でその憧れの自転車を先輩から買いました。値段は250ドル。大学に入るまで毎日乗ったし、今も東京の家に飾ってある自慢の「仲間」です。

最初は44軒だった新聞配達は、2年ほど後から125軒、さらに16歳、高校生になって車（約16万円で手に入れた中古車）を持ってからは445軒に増えました。車で配るとはいえ、配達先が増えれば、それだけ早起きしなくてはいけません。もっとも配達先が多かったころには、朝3時くらいに起きていました。新聞配達を終え、学校に着くのは6時半くらい。授業が始まるのは7時過ぎだったので、それまで30〜40分、廊下で仮眠をとっていました。さすがにマットレスやブランケットは難しかったけど、枕だけはロッカーに入れてありました。

車を買った後も、近所の分は自転車で配達していました。当時、僕の太ももの筋肉は競輪選手並みに発達していました。今も太いほうだと思いますが、これは間違いなく新聞配達をしていた名残りです。何しろ住宅街とはいえコロラド州の起伏の激しい道を毎朝、走り回っていたのだから。

上腕の筋肉も、新聞配達のアルバイトの名残り。アメリカの新聞配達人は、丁寧にポストに入れたりしません。「戻ってこないブーメラン」の要領で、自転車から各家のドアに向かって新聞を放り投げるから、自然に上腕の筋肉がつくのです。

そんなわけで、太ももと上腕の筋肉は、かつて新聞配達をがんばった証であり勲章でもある。僕は勝手に「がんばり筋」「努力筋」と呼んでいます。

ちなみに、アメリカの家のドアにはたいてい、アルミサッシの網戸がついています。ときどきコントロールや力加減を誤って網戸に新聞を当ててしまい、破れた網戸や曲がったアルミサッシをいくつか弁償する羽目になりました。

それも、今となっては懐かしい思い出です。

最初は新聞配達だけでしたが、13～14歳になると選択肢が広がり、他にもいろいろなアルバイトをしました。

ペプシコーラの工場や道路工事。ショベルカーやフォークリフトの操縦は15歳で覚えました。母が働いていた会社のダイレクトメールの封入作業。夏季は芝刈り、冬季は雪かきなど、季節アルバイトもありました。

学校の先生たちも、通っていた教会の人たちも我が家の事情を知っていたため、ちょっとした1日バイトや短期バイトでも「こんなのあるけど、やる?」と紹介してくれました。僕は時間さえ許せば、ぜんぶ引き受けるつもりで、バイト、バイトの日々でした。

それでも僕にとって「仕事」といえば、やっぱり何といっても毎日続けていた新聞配達。これは、いわば僕、「パトリック・ハーラン」という人間の基礎となっている部分なのです。もちろん、すごく大変だった。でも「自分でがんばってお金を稼いでいる」「お母さんの助けになっている」という達成感や充実感もありました。

これは、子どもが本来、味わう必要のない苦労だとは思います。でも置かれた境遇でベストを尽くすという意味では、今の僕につながる貴重な体験だったことは間違いありません。

ないなら、ないで「何とかしよう！」「何とかなる！」の思い

創意工夫をするということ。「お金がない」と泣くのではなく、「ないなら、ないで何とかしよう」「何とかなるもんだ」という前向きな発想が働くようになったのもまた、貧乏生活のギフトです。

たとえば、当時のコロラドでは、ある一時期水道料金は1ヶ月分の使用量だけ量られて、それ掛ける12で1年分の料金が決まる、という仕組みになっていました。アメリカの人口も土地も莫大であり、毎月、世帯ごとに水道使用量を量るのは大変だったからでしょう。

その年1回の測量は、たしか2月だったと記憶しています。

だから母と僕は、2月の水道使用料を極力抑えるようにしていました。

たとえばトイレの「小」はあまり流さない、「大」は、なるべく学校で済ませるという具合。今だから言えることですが、家では我慢して、友だちの家でさせてもらったこともたくさんあります。

こうして1年間の水道料金をだいぶ節約しました。今となっては笑い話だけど、当時の母と僕は真剣そのもの。これだって貧乏生活なりのサバイブ術だったのです。

他にもいくつか例を挙げると、我が家のハンバーガーは、ターキーひき肉にビーフのコンソメを混ぜて固めた「ビーフ風味ターキーバーガー」でした。

ただでさえ低脂質のターキーですが、僕たちが買っていたのは、ノーブランドの最低品質のものでした。本当にパサパサで、ハンバーグにしてもポロポロ崩れてしまう。僕の友だちは食べたがらなかったけど、僕にとってはおいしい自家製バーガーでした。

食べものというと、よく家で作ったパスタも思い出します。

この世で何が一番おいしいかといったら、肉の脂に決まっている。少なくとも当時の僕はそう思っていました。

安いチキンでも焼けば脂が出るので、大事に取っておく。その「チキン脂」を茹でたパスタに和えて、醤油を差すだけ。これがまたおいしかったのです。チキン脂は、他に野菜を焼くときなどにも使いました。

文房具だと、鉛筆とボールペンは基本的に買わない。鉛筆はたいてい学校のどこかに落ちていたし、ボールペンは、僕にとっては「銀行でもらえるもの」でした。日本人の感覚で「あり得ない」ということは、今の僕はわかるけどね。

銀行でサインの際などに使う、銀行名入りのボールペン。あれは、お客が持って帰って別の場所で使うことで、銀行の宣伝になるから名前が入っているのか、それとも、そんなボールペンを使うのは恥ずかしいから、お客に持って帰らせないために名前が入っているのか、どっちなんでしょうね？

ともかく当時の僕は、銀行のボールペンはもらえるものだと思っていたから、買う必要はなかったのです。学校でたくさん宣伝しましたよ！

教科書は学校でもらうもの。勉強するには教科書だけで十分だったので、参考書の類は買ったことがありません。

読みたい本は図書館で借りるか、クリスマスが近ければ買ってもらう。母からのクリスマスプレゼントは「本か靴下」と相場が決まっていました。

また、僕は大学生になってからも、小学生のころに父が買ってくれたスキー板を使っていました。

スキーのブーツは、さすがに小学生サイズでは履けないから、激安リサイクル品で何とかしました。でもスキー板を新調する余裕はありません（アメリカでは日常的に寄付が行なわれているので、寄付品の中にスキー板があれば、迷わず入手していただろうけど）。

フカフカのスキーウエアなんて夢のまた夢。というわけで、普段着ているジーパンにセーター、ジャンパー、激安リサイクル品のブーツ、ジュニア用の短いスキー板、というのが大学生のころの僕のスキースタイルでした。

ジーンズには防水加工なんてされていないから、転ぶとビショビショになってすごく冷えます。だから必死に転ばないように滑る技術を習得しました。スキー板が短かったので、クルクルと小回りよく滑ったり、ジャンプしたり。格好が悪くても滑り方はかっこ良かったと、思い込んでいます。

こじつけかもしれないけれど、ジーンズと短い板のおかげで人より早くスキーが上達したんじゃないかと思います。若者特有の無謀さで無茶苦茶な滑り方もしていたので、結局は雪まみれ、ビショビショになったんですけどね。

スキー場の使用料を払った以上は、フルで楽しみたい。全身ビショビショで凍りつきそうになりながらも、オープンからクローズまで目いっぱい滑りまくりました。昼ご飯も休憩を取らずに、リフトに乗りながら持ち込んだ（そして転んでぺっちゃんこになった）軽食を食べていた。全部、「払ったお金のモトは取ってやる」という貧乏根性のなせる技かもしれません。


他に思い出すことというと、自転車のブレーキパッドを買わなかったこと。

自転車は新聞配達アルバイトの商売道具です。毎日、勾配《こうばい》の激しい道のりを行き来していたので、ブレーキパッドがすぐにすり減ってしまう。だけど、ほんの数ドルの替えを買うことにも、ためらいがありました。

そこで僕は、いつしか足先を地面に着けて自転車を止めるようになりました。

すると今度は、靴の足先がすぐにすり減ります。靴に穴が空くと、雨の日には水が靴の中に入ってきて足が濡れる。冬場などは足先から寒気が上ってきて、体中が冷えてしまいます。

ここでも、ひと工夫。アメリカの長いパン一斤を入れる細長いビニール袋が脚にピッタリだと気づいた僕は、靴下の上にそのビニールを履いてから靴を履いていました。

靴はもちろん内側までビショビショになってしまうのですが、ビニールのおかげで靴下は濡れず、足は比較的に暖かいまま。パン用のビニール袋をこんな用途で使っている人がいるなんて、パン屋さんは想像もしなかったでしょう。

センスはないけど自信はあった

貧しかったあのころ、諦めなくてはいけないことも、たくさんありました。

最初の諦めは、11～12歳のころに、アメリカンフットボールのジュニアチームに入部できなかったこと。アメフト部では、ユニフォームや防具の購入に加えて、父親が練習や試合に関わることが当たり前だったので、お金もなく父親もいない僕には無理だったのです。

何かを諦めなくてはいけないのは、経済的理由からだけではない。家庭環境的な事情で、やりたいことができないというのは、おそらく大半の貧困家庭の子どもが体験していることだと思います。

ただ、そこで泣き寝入りするか開き直るかは、人によって違うようです。僕がどっちだったかというと圧倒的に開き直ったほうでした。


ファッションなどは、その最たる例といえるかもしれません。

洋服は、知り合いのお兄さんのお下がりか、激安の古着。

格差が激しいアメリカでは、民間から寄付された古着などを安く売る業界はとても発達しています。各地にそんなお店もあるし、「1ポンド（約450グラム）1ドル（当時。今は1ポンドで1・5ドル〜2ドル）」みたいに量り売りするお店もありました。すべて「もう着ないな」と人が思った洋服ですから、流行のものは少ないけれど、レトロで可愛いものやまだ使える丈夫なものはそれなりにあります。

日本で「アメリカの古着」というと、下北沢や原宿の古着屋さんで売っている「おしゃれ古着」ですよね。古着を着こなすというのが一つのスタイルになっていて、値段もけっこうする。それは、アメリカの古着屋から、状態のいいものを輸出用にバイヤーが選別したものなのです。

古着といえば、忘れられないエピソードがあります。中学生のころのこと、僕がいつも履いていたジーンズを見て、ある先輩が言いました。

「パトリックは、どれくらいディスコに通ったんだ？」

「は？　ディスコなんて行ったことないよ」と答えると、彼は「でも、そのジーンズはだいぶ通ってるみたいだよ」と。

というのも、僕が履いていたのは、かつてディスコブームのころに当時の若者が履いていたであろう、古着のベルボトムジーンズだったから。その先輩は、僕がずいぶんと流行遅れのものを着ていることをうまくからかったのでした。悔しいながらも笑ったね。

もう一つ覚えているのは、ある写真のこと。

僕は高校を首席で卒業しました。首席者は学校の廊下に写真が張り出されるのが通例だったのですが、その写真で僕が着ていたジャケットは、なんと友だちのおじいちゃんのお下がり。

1950年代に流行ったような、ド派手なチェック柄のスポーツコートでした。たしかに当時の流行とはだいぶ違いましたが、僕はその上着が大のお気に入りだったのです。「こんな派手なやつ、着る勇気のあるヤツはいないだろう」と思っていました。

他にも、友だちからもらったおもちゃみたいな時計を4つも腕につけたり、首に巻いてみたり、寒い季節も半ズボンで通してみたりと、自分だけのスタイルを貫くことが好きでした。

お金がないならセンスで乗り切る、なんて話ではありません。

自分のセンスに自信はなかったけれど、並外れたファッションでも平然としていられる勇気だけはありました。「勇気があるという自信」があった、といってもいいでしょう。

流行の洋服を買うことができなかった僕は、センスではなく勇気でもって開き直ったのです。一事が万事、どんなときも「お金がないからって、何だって言うんだ?」

という心意気で乗り切ってきました。

元を辿《たど》れば、先ほどお話しした最初の諦め、アメフトのジュニアチームへの入部を断念したことが、開き直りのきっかけだったのだと思います。

僕は、父がいなくても一人で通える体操、部活でも比較的お金のかからない飛び込み、ボール一つあれば公園でできるビーチバレーボールをやることにしました。

人気はありませんでしたが、選手が少なかった分、同級生がアメフト部でベンチの控えに甘んじている間に、僕は板飛び込み部のスタメン、バレーではエースになった。

メジャーだろうとマイナーだろうと、「試合で活躍し、学校から授与される勲章は同じじゃないか」と、これも開き直りです。

お金がなくても、かっこよく生きられる。お金に頼るなんてかっこ悪い。アメフト部に入部できなかった悔しさまぎれに、物事をこう捉えるようになった。人とは違う自分を逆手にとって目立つことで、自信もつけた。

そのせいで、いけ好かないヤツになった時期もありますが、アルバイトや勉強や部活をがんばれたのは、貧乏であることに早くから開き直り、僕なりの方法で自信をつけたからだと思うのです。

振り返ってみると、開き直りすぎて失敗したと、後悔することもあります。

たとえば、大学のソーシャルクラブに入らなかったこと。年会費の500ドル（約5万円）を払うのがバカバカしいと思ってしまったのです。

ハーバード大の学生たちは、ソーシャルクラブで結びつきを強めるというのが常でした。そこで将来に生きる人脈も築かれるため、年会費を払ってでも入っておいたほうが、いろいろと得だったと思います。

年会費は、アルバイトをちょっと増やせば払えないこともなかった。でもそうしなかったのは、「お金に頼るなんてかっこ悪い。有料のクラブに入らなくても友だちをつくることは俺にできる！」という思いが、やはり強かったから。貧乏根性が邪魔をして、手が届いたはずの特権を獲得しそこねたのです。

もしソーシャルクラブに入っていたら、きっとまったく別の人生だったでしょう。金融業やコンサル業についていたか、法曹界《ほうそう》に入っていたか、はたまた実業家として成功し、超お金持ちになっていたかもしれません。しかしどれも今と比べると、少しつまらない気もします。

今、僕は日本で暮らして本当に幸せだから、結果オーライ。ハーバードを出て日本で芸能人になるという、我ながらおもしろい選択ができてよかったと、こうつづっている間に思いました。負け惜しみと思われそうですが、後悔しているといいながらも、やはり悔いはないかもしれません。

僕のせいでパン屋さんが潰れた？

大学卒業後は友人の誘いで、彼が就職した福井県で暮らしてみることにしました。最初の仕事は英会話教師。駅前の交番で「この辺に英会話教室はありますか？」と聞いたら三つ教えてくれて、一つ、二つと訪ねて最後に採用が決まりました。

英会話教室の初任給は、20万円ほどでした。「そんなにもらえるんだ！」とびっくりしましたが、何しろ僕には学資ローン（奨学金）という大きな借金がありました。

就職してお給料をもらうようになったらバラ色の生活かと思いきや、家賃に生活費に多少の交際費、これらに加えて学資ローンの返済と、あっという間にお金はなくなっていきました。

当時のことでよく覚えているのは、とあるショッピングモールのパン屋さんです。なるべく食費を抑えようとしていた僕は、毎日のようにそのパン屋さんに行き、サンドイッチを作る際に切り落とされるパンの耳をもらっていました。

それがどれほど助かったことか！　ずっと後になって、お礼を伝えようと訪ねたことがあるのですが、残念ながら、そのパン屋さんはもうありませんでした。ひょっとして、僕がパンの耳をもらいすぎたからだったりして……？

パン屋さん以外にも、日本の食品産業にはずいぶん助けられました。

スーパーに行けば、安いお惣菜やレトルト食品がたくさん。焼きそばの麺は3玉入り100円程度で、しかも調味料付き。安い豚コマ肉とモヤシでも買って帰れば、正味150円くらいで立派な食事ができる。驚きました。

交際費も少しは捻出《ねんしゅつ》しつつ、なるべく抑える工夫は惜しみませんでした。

たとえば同僚との飲み会。お酒は飲みたいけど、お店で飲むと高くつきます。だから会が始まる前とか、会の途中で友だちと抜け出して、川辺とかで缶ビールで安く「アルコール補充」をしていました。

それもホンモノのビールではなく、安い「発泡酒」です。今はもっと種類が豊富ですが、25年ほど前にも、すでに原材料を工夫して低価格を実現した「ほぼビール」は誕生していたんですね。

そして何より安上がりなのは、家で飲むこと。友人とシェアしている狭い部屋でしたが、ホームパーティもよく開いていました。

おつまみは各自持ち寄り。お酒は2リットルで1000円もしないような安い焼酎を買っておいて、レモンサワーにしたり、お湯割にしたり。この顔に似合わないと思われそうですが、そんなお酒の飲み方を知ったのも、日本での節約生活のおかげです。

日本に来て最初の大きな買い物は、中古バイクでした。まず5万円の50cc、次に15万円のホンダVF750。とくにホンダにはだいぶ長く乗りました。

車検というシステムがあるおかげで、まだまだ問題なく乗れる中古車が格安で買えるというのも、日本のいいところです。図々しくも友人のツテで、市場価格よりさらに安く買えたのもありがたかった。

昔も今も、10万円を超える買い物は、なかなかしません。バイクの他には、妻の婚約指輪とマイホーム、それくらいです。

昔は高い買い物を「したくてもできなかった」わけですが、今は「一応できるけど、ほとんどしない（考え抜いて、「よし！」と思ったらする）」。

いくら暮らしぶりが変わっても、貧乏時代の金銭感覚は、やはり今なお生きているのです。

食事をご馳走した女性は、妻が最初！

福井から上京した後はしばらく、大学からの友だちと一緒に住んでいました。誘ってくれたから、タダで居候《いそうろう》できると思いこんでいましたが、家賃や光熱費はきっちり請求された。さらに、食事などを一緒にすると高くつくし、結局一人暮らしすることにしました。

同居していたその友だちには、僕のお金の使い方も丸見えでした。僕の金銭感覚をよく把握している彼が、あるとき驚いて、こんなふうに言ったことがあります。

「パトリックが女性にお金をかけるなんて！ 彼女に本気なんだね」

その彼女というのは、当時、付き合い始めたばかりだった今の妻です。

昔から自分の生活すら維持するのに苦労していた僕は、人にご馳走したことなどめったにありませんでした。

「どうして男女同権の世の中なのに、男性が女性にご馳走しなくちゃいけないんだ？」という考えもありましたが、その半分は貧乏コンプレックスの裏返しです。

その僕が、ついに彼女にご馳走するようになった。それまでの遍歴を思えば、たしかに大きな変化でした。

高校3年のとき、チアリーダーのジュニアキャプテン（つまり、学年で1、2を争う人気者）をプロムに誘ってOKしてもらいました。「プロム」は高校最終学年の4年生の卒業記念ダンスパーティなのですが、３年生も参加できたのです。

さて、人気の子にＯＫしてもらえたのはよかったのですが、僕は、他の男子のようにリムジンで迎えに行ったり、高級レストランで食事をご馳走したりできません。

仕方がないので、自分のオンボロ中古車をゴテゴテと飾りつけました。「ハーラン」と「リムジン」をもじって「ハーラムジン」とか何とか、車体にスプレーで書いたような気がします。

おもしろい試みではありました、僕なりにがんばったのは間違いないですが、やはり、これでは誘った子にあまりにも申し訳なかった。

だから４年生のときのプロムには誰も誘いませんでした。一人で行って、他の男子と来ている女の子たちと踊ってやろうという魂胆《こんたん》です！

プロムの参加費には記念写真代も含まれています。他のみんなはデート相手と撮るところ、僕は一人。でも、ただ一人で写ってもつまらないから、体育館の消火器と一緒に撮りました。おどけた顔で写っている写真は、今も実家に残っているはずです。

やはり貧乏は恋愛の邪魔になります。

大学生のころに付き合った彼女との顛末《てんまつ》は前にもお話ししたとおり。いいレストランなどに行けない。彼女に払ってもらうのも嫌だ。そんな妙なプライドとコンプレックスのせいでギクシャクし別れてしまいました。

その後、日本で就職してお給料をもらうようになり、厳しいながらも自活できるようになった。きりつめれば、何とか多少は交際費を捻出できるくらいになりました。

そして今の妻と出会い、友人の彼が言ったとおり「本気」になったから、自然とご馳走してあげたくなりました。単純な話、彼女の喜ぶ顔が見たかったわけです。

女性に食事をご馳走するというのは、普通は何てことのない話なのかもしれません。

でも僕にとっては、「好きな子に食事すらご馳走できない自分」から卒業できた証のような出来事でした。とても大きな意味のあることだったのです。妻に感謝！

第4章
誰も一人では成功できない
——ちょっとの気配りが大きな助けに

たくさんの人に助けられて、ここまで来た

人は誰一人として、自分だけの力では成功できない。

よく言われることですが、貧しい幼少期を過ごし、今では自分の望む道を歩めている人ほど、この言葉を強く実感できるのではないか。そう思ってしまうほど、今の僕があるのは、数えきれない人たちのサポートのおかげです。


その点、今回取材させていただいた日本財団の本山さんには共感を覚えました。

日本財団でチームを引っ張っている本山さんは、ご自身も経済的に厳しい中、塾などには通わずに一人で勉強をがんばって、東大に受かったという人です。

早くにお母さんを亡くされ、お父さんに育てられたという本山さん。僕の場合は両親の離婚で母に育てられましたが、ひとり親という点も共通しています。

九州の県立高校では野球部に入っていましたが、経済的な事情により途中で退部。収入の少なかったお父さんを助けるためにアルバイトで働き、半ば自活していたといいます。住まいは、県営アパートにお父さん、妹さんとの三人暮らし。

そんな本山さんが東大を目指したのは、最初は「勘違い」だったといいます。「田舎なので情報がなく、目指せばいけると思った」そうですが、勘違いの力って、意外と重要です。僕も勘違いでハーバード大学に行ったようなものだから、その感覚はよくわかります。

しかし、いざ東大を目指そうにも塾には通えないし、参考書も買えない。そこで本山さんは東大に合格した人の体験記を読み、レシピに従って料理を作るみたいに、本に書かれている通りに勉強を進めたといいます。

高校3年生になってからの遅いスタートだったので、体験記のレシピ＋アルファの努力を積み重ねて無事、東大に合格しました。

受験勉強に専念するために、アルバイトはやめたそうです。そこからは奨学金を受け取りつつ、生活費の捻出に頭を絞り、炊事、洗濯など家事もこなしながらの合格ですから、すごい話だと思います。

でも自分一人で成し得たという意識はなく、「学校の先生や年上の人たちなど、周りにいた大人のサポートがあったことがすごく大きかった。だから、がんばれる気がした」と本山さんは話します。

その意識が今の仕事にもつながっていることが、はっきりと伝わってきました。

「自分はどうせできないって思ってしまったとたんに可能性が閉ざされてしまう。幼いうちから励ます。子どもがつまずきそうになったときに手を差し伸べられる。そんな社会であるべきだと思います」（日本財団・本山さん）

サポートというのは、必ずしも、金銭的な援助でなくてもいい。励ましてくれる大人がいることで「自分にもできるかもしれない」と思えるだけでも、子どもにとっては大違いなのです。

僕も、どれほど多くの人のおかげで今があるかと思うと、どの方向にも足を向けて寝られません。

一生懸命、働いて僕を育ててくれた母はもちろんのこと、我が家の事情を気遣ってくれた学校の先生たち、ご飯を食べさせてくれたり、遊びに連れて行ってくれたりした友だちのご両親たち、合唱団のツアー費用を寄付金から賄ってくれるなど、いろいろな体験と支援を提供してくれた教会のコミュニティ……。本当に多くの人たちが助けてくれたから、自分のベストを出せるように努力することができたのです。

貧乏生活の中で多くのことを体験し、学びました。だからといって、誰もが貧乏を経験すべきだとは思いません。

僕はたまたま貧乏な境遇に置かれ、そこで身につけた力があるというだけ。貧乏なんて、本当はしなくてもいい苦労です。貧乏でも努力すれば、僕みたいになれるとも言いません。僕みたいになってほしいとも思いません。

ただ、経済的に厳しい状況に置かれている子どもにとって、有形無形のサポートがどれほど大きいか。それがあるかどうかで、どれほど、がんばれるかどうかが左右され、将来が違い得るか。

Luck is when opportunity meets preparation.「運は機会と準備の接点」という言葉があります。個人の努力と周りの支えの元で捕まえる準備をしておけば、めぐってくるチャンスを活かせる。それが運に見えるが、本人と周囲のみなさんが手を尽くしたおかげだ、という意味です。

周りの協力によってできる「準備」で、子どもの人生も大きく変わる。日本にも貧困という問題が存在する以上、これだけは、自分の経験からも声を大にして言いたいのです。

落ち着きのない僕を理解してくれた先生たち

僕をサポートしてくれた多くの人たち。幼少期まで遡《さかのぼ》ってみると、まず挙げられるのは幼稚園の先生です。

僕はとても落ち着きのない子どもでした。でも、その幼稚園の先生は、決して僕をみんなと同じに行動させようとしたり、椅子や机に縛りつけたりしようとしませんでした。

他の子たちと違うことをしていても、僕が興味をもって集中していることを、好きなだけさせるようにしてくれた。興味をもつように、うまく課題を与えてくれたりもしました。

この接し方は、翌年の先生も、翌々年の先生も同様でした。もしかしたら最初の先生から「このパトリック・ハーランという子は、何か課題を与えれば集中して取り組みます」と伝達されていたのかもしれません。

唯一、卒園式の日には「一生のお願いだから、今日だけは椅子に座っていてね」と言われてしまいました。これはハーラン家の語り草になっているエピソードなのですが、裏を返せば、この日以外は、たいてい自由にさせてくれたのです。

そんなわけで、「みんなと同じ」が苦手だった僕でも、いっさい劣等感や抑圧を感じることなく幼稚園生活を送ることができました。

子どもにとって、親をはじめ周囲の大人に否定されるのは、何より恐ろしいことです。自己肯定感を育てるという意味でも、できるだけ自由にさせてくれた幼稚園の先生たちには感謝してもしきれません。

さて幼稚園を終え、小学校に上がってからも、僕は相変わらず落ち着きのない児童でした。

たとえば、ある授業中のこと。

僕は先生の話そっちのけで、天井を見上げていました。なぜかというと、天井のタイルにあった、いくつもの小さな穴でできた幾何学模様が気になったからです。そのタイル一つの穴の数を割り出し、天井の模様全部の合計で穴はいくつあるかと、暗算してみることにしました。

ところどころ空気孔や照明があり、模様が途切れるところもありました。その分の穴は合計からマイナスして……と計算し、「わかった！　はーい、先生！」と手を挙げた！　先生が「はい、パトリック、アメリカの初代大統領の名前は？」とか、まったく違うことを訊いてきます。それはそうだ。歴史の授業中でしたもの。

「えっと、それはわかんないけど、天井の穴の数がわかったよ！」と言うと、先生は、「……なるほど。じゃあ前に出てみんなに説明してくれる？」と言ってくれました。

意気揚々と前に出て黒板に計算式を書きましたが、授業にまったく集中していなかった注意散漫な僕を、よく先生は叱るどころか、発表のチャンスすら与えてくれたものだと、今は思います。

授業中に先生の話を聞かなかったのは、その日だけではありませんでした。実は、僕は常習犯でした。とくに中学、高校生になると、集中できないことが増えたのですが、ただ単に注意散漫だったからだけではありません。自分なりの切実な事情もありました。

早朝から新聞配達のアルバイト。学校では授業とアクティビティ。放課後には、他のアルバイトやスポーツ、演劇などの活動。夜、家に帰るころには疲れ果て、翌朝も早いので早々にベッドに入ってしまいます。

つまり、放課後に宿題などできません。そこで宿題は学校にいる内に済ませることにしていたのです。1時間目の宿題は2時間目の間に、2時間目の宿題は3時間目に、3時間目の宿題は4時間目に済ませるという具合です。

先生たちは、僕が早朝から働いていることを知っていたので、そんな宿題の取り組み方でも許してくれました。もし目に見えて成績が落ちたりしていたら、問題視されたかもしれませんが。

「保健室の牛乳とクッキー」に救われた！

小学校は僕にとって、勉強だけでなく空腹を満たす場所でもありました。どうも調子が悪い。頭が痛いし、体もフラついている。集中できない。これは風邪などではなく空腹のサイン。それを察した先生に促されて保健室に行くと、保健室の先生は引き出しから「薬」ではなく、「牛乳とクッキー」を出してくれました。

高級品ではありませんが、うちではほとんど目にしたことがない「ホンモノの牛乳」とクッキー。まるで光り輝いているようにも見えました。これらが体内に入ったとたんに頭痛は吹き飛び、体中にエネルギーがみなぎる気がしたものです。

普段からお腹が空いていると、空腹が当たり前になってしまって自覚できなくなります。空腹のためにフラついたりしているのを先生が見過ごさず、牛乳とクッキーで

「脂質、タンパク質、糖質」の三大栄養素を補給させてもらえたことにも感謝。

保健室に牛乳とクッキーが常備されていたのは、アメリカでは昔から格差や貧困が社会問題として認識されていたからでしょう。僕の他にも、保健室で栄養補給していた子がいたのかもしれません。


食のサポートという点では、他にも感謝すべき人たちがいます。

父から入る養育費が止まってから、母の仕事が安定するまでの8年間ほどは、最低所得のラインを下回っていたため、学校給食の費用は免除されていました。

免除されていたということは、名前も知らない人たちが肩代わりしてくれていたわけです。

僕は、普通の生活をしている人やお金持ちを、恨みがましい目で見ていました。

でも僕が健やかに大きくなれたのは、紛れもなく、その普通の生活をしている人やお金持ちが、少し多めに税金を払ってくれていたおかげ。マクロ的に考えてみれば、「互助《ごじょ》」という社会システムにも感謝しなくてはいけません。

「多くを恵まれた人は、多くを求められる」

ここまで紹介してきたように、学校の先生たちは、僕の境遇を理解し、おおむね寛大でした。

でも一人、厳しい先生もいました。高校生のときの演劇と英語の先生だったクロンキー先生です。とくによく覚えているのは、レポートの宿題で「C」をつけられたときのこと。僕より高い評価を得た同級生のレポートを読ませてもらったところ、僕のほうがずっとうまく書けているような気がしました。このときだけでなく、なぜか先生は、なかなか僕にいい成績をつけてくれないのです。

ずっと不満だった僕は、ついに思い余って先生に抗議に行きました。

「僕のレポートは、彼よりもずっと優秀に思える。なのに、どうして僕のほうが低い成績なんですか？」

すると先生はこう言ったのです。

「これは周りと比べた結果のCではなく、あなたの中でのCです。パトリック、あなたが難しい状況にあることは知ってます。毎朝、新聞配達をしていることも。それでも、あなたは、もっとできるはず。にもかかわらず手を抜いたものを提出したから、Cをつけたのです」

これにはぐうの音も出ませんでした。クロンキー先生の言っていたことは、正《まさ》しく図星だったから。置かれた状況を言い訳にせず、その中でベストを尽くすことの重要性を教えてもらいました。

「あなたは経済的に恵まれていないけど、一方ではすごく恵まれているということを忘れてはいけません。神から多くを恵まれた人は、それだけ多くを求められます。あなたには、神からの恵みを生かす義務があるのです。無駄にしてはいけません」

これは、聖書にも載っている、クロンキー先生が常々言っていたこと。日本に生まれ育った人から見ると、ずいぶん宗教的に思えるかもしれませんが、キリスト教徒が多いアメリカでは、教育現場でキリスト教の教義が用いられることは珍しくありません。

クロンキー先生は最終的にAをくれましたが、卒業後も交流が続きました。

大学卒業後、「日本に行く」と冒険にでたとき一番喜んだのも、「東京で役者になる！」と夢を語ったとき、お母さんがしかめ面を見せる中で、「いいね。パトリックならきっとできるよ」と応援してくれたのも、クロンキー先生でした。

僕の事情をわかった上で、いろいろと大目に見てくれた先生にも感謝。

その中で、あえて厳しく接してくれた先生にも感謝。

両方のタイプのサポートがあったからこそ、僕はアルバイトと学業を両立させ、貧しくとも絶望することなく人生を歩み続けることができたと思っているのです。

アメリカと日本「第2の家族」たち

◉いつも僕の分の食事があったビューシング家

学校の先生たちだけでなく、友だちのご両親にもすごくお世話になりました。

これも挙げ出したらキリがないけれど……、たとえば近所に住んでいたジェイソン・ビューシングのお母さんは元看護師で、僕がジェイソンと仲よくなったころには専業主婦になっていました。

ジェイソンはひとりっ子で、お父さん、お母さんとの三人暮らし。それなのにビューシングママは、いつも四人分の晩ご飯をつくっていたのです。いつ僕がお腹を空かせてビューシング家に遊びに行ってもいいように。

「パトリック、いつでもうちに来ていいからね」

この言葉に甘えさせてもらい、いっときは「三人目の息子か？」っていうくらい、よくビューシング家には行っていました。ジェイソンがいなくても家に上がらせてもらって、お母さんとしゃべり、彼が帰ってきたら「あ、おかえり！」なんて言ったりして……。

そういえばジェイソンは、ちょっとぽっちゃり体型でした。もしかしたら、僕が行かなかった日に、僕の分まで夕飯を食べていたせいかもしれません。

放課後、家に帰る途中の僕が自転車でビューシング家の前を通りかかると、ビューシングママがパッとドアを開けて、「パトリック！　ちょうどよかった。クッキー焼けたけど食べてく？」なんて声をかけてくれることもしょっちゅうでした。

お母さんがいつも家にいて、学校から帰るとキッチンには焼き立てのクッキーがある。僕が思い描いていた「アメリカのお母さん」が、そのまま現実になったのが、ビューシングママでした。

ビューシング家というと、お父さんにお世話になったことも思い出します。

お父さんは地元で建設会社を経営していて、そこでよくアルバイトをさせてもらいました。前にも触れた建設業のアルバイトは、もっぱらジェイソンのお父さんのところでした。

まだ15歳くらいだったから、もちろん高度な専門技術を要する仕事はできないし、賃金も高くはありません。でも好奇心旺盛《おうせい》な僕の性格を知っていたのか、ジェイソンのお父さんは、他のアルバイト学生にはさせないような、おもしろい作業をたくさん体験させてくれました。重機の操縦も、ここで覚えました。

ちなみにアルバイトの仕事は、こんなふうに知り合いのツテでもらったものがほとんどです。ペプシコーラの工場のアルバイトもそうでした。

元はといえば、夏季アルバイトを探しているとき、板飛び込み部のコーチが立ち上がりました。彼女の旦那さんが、偶然にもペプシコーラの工場長だったのです。「お金に困っているなら、現金をあげよう」という発想は長い貧乏生活の中であまり出会いませんでした。僕は幸い健康で丈夫だった。だから「お金に困っているなら、何とか稼ぎを探してやれないか」。そういう人たちにも助けられて、僕は何とか家計を助けながら、経験もスキルも積み重ねることができたわけです。

◉僕の「バイク好き」の原点となったお父さん

小学校の同級生だったダリウスのお父さんには、主に「遊ぶこと」でお世話になりました。

遊びたい盛りに、僕はバイトと学校と家を行き来するばかり。夏にはバカンス、冬にはスキー旅行と、周りの友だちには楽しい計画がいっぱいなのに、僕だけめったに行けない。悔しくてたまりませんでした。

そんな僕をスキー合宿に連れて行ってくれたり、会員制のテニスクラブでテニスをさせてくれたりしたのが、ダリウスのお父さんでした。

そうそう、ダリウスの家にはトランポリンと立派なバイクもありました。どちらともお父さんの趣味です。

現在、僕がバイクを愛し、家にトランポリンもあるのは、おそらくダリウスのお父さんの影響です。父と一緒に暮らさなかった僕は、ダリウスのお父さんに「大人の男」を見て、憧れていたんだと思います。

●「食とエンタメ＝パラダイス」だったグリーンリーズ家

同じ教会に通っていたグリーンリーズ家にも感謝。「誰もいなくても勝手に入って、キッチンにあるものとか好きに食べていいよ」と、なんと家の鍵を開ける暗証番号を僕に教えてくれました。高校生のころのことです。

十代の男子の食欲といったら、とにかく旺盛です。改めて振り返っても、僕が一番お腹を空かせていたのは、高校生のころかもしれません。そんなときに手を差し伸べてくれたグリーンリーズ家にも、かなり甘えさせてもらいました。

チャイムを鳴らして誰も出てこなかったら、教えてもらった暗証番号で家に入らせてもらう。冷蔵庫から好きなものを出してきて、広いリビングで食べながらテレビや映画のＤＶＤを見たり、フカフカのソファで昼寝をしたりしました。

自宅の白黒テレビはとっくに壊れてしまっていたし、そもそもＤＶＤデッキは持っていない。そんな僕の状況からすると、グリーンリーズ家は「食とエンタメ」がそろったパラダイスのような場所でした。

そうしているうちに家の人たちが帰ってきて、今度は一緒に夕食を食べさせてもらい、そのまま泊まってから早朝に自宅に帰る（そして新聞配達のアルバイト）ということも、よくありました。

グリーンリーズ家はアウトドア好きで、夏にはキャンピングカーでの遠出にも同行させてもらいました。比較的、裕福な一家だったはずですが、ライフスタイルがヒッピー的で、気軽な生活スタイルを貫いていました。そういう人たちだったので、僕も気兼ねなく一緒にいられた気がします。

それに十代という多感な年ごろのこと、母とケンカして家を飛び出した夜も、よくグリーンリーズ家に泊まらせてもらいました。食とエンタメ、プラスちょっとした逃げ場というか、家と母から少し距離を置いて頭を冷やす場所。それがグリーンリーズ家でした。

そして、僕が大学を卒業したとき、車で3日かかる東海岸まで迎えにきてくれたのもグリーンリーズ家のみなさん。本当に感謝、感謝。

◉大学に出願できたのは、ガストン家のおかげ

パソコンは僕が高校のころに普及し始めましたが、自分のパソコンを持ったのは社会人になってからです。それまでは、ずっと人のパソコンを使わせてもらっていました。

高校のレポートの宿題から大学の願書まで、必要なときにパソコンを使わせてくれたのはガストン家でした。

この家には、僕と同じ名前のパトリックという同級生がいたのですが、彼が家にいない間も、自由にパソコンを使っていいことになっていました。家にもほぼ出入り自由でした。

ちなみにガストン家のパトリックは、僕を日本に誘ってくれた、あの彼です。

パトリックとはスキーやキャンプにも行ったし、友だちをマイカーにぎゅうぎゅうに詰め込んでドライブインシアターで映画鑑賞（そうすると割り勘で安上がり！）などな

ど、よく一緒に遊びました。

◉「兄」のような存在だったポールとジム

僕には姉がいますが、兄はいません。両親が離婚した後、父は再び軍の指示で州外に転勤になったため、父も近くにいませんでした。

そんな僕にとって、「大人の男の手本」となってくれたのは、ポール・チェンとジム・クーンズでした。

ポールは、両親の離婚後、姉も父に引き取られ、空き部屋ができた我が家にやってきた下宿人でした。まだ小学生だった僕の面倒を見る代わりに家賃はタダにするという、「住み込みのシッター」のような取り決めだったようです。

でも、ポールと多くの時間を一緒に過ごしたのは、契約どうのこうのではなく、単純に可愛がってくれたからだと思います。母ひとり子ひとりの家族に、まるで「長男」が加わったかのようで、ポールがいた数年間は、ほとんど三人家族として過ごしたことが懐かしく思い出されます。

学校から帰ると、僕はすぐにポールの部屋に行きます。そこで彼は勉強を見てくれたり、カメラの使い方や柔道、または車の運転（まだ小学生なのに！）などを教えてくれたりしました。年上の男性と身近に接することは、母子家庭の少年の僕には貴重な時間だったのです。

もう一人の「兄」のような存在、ジム・クーンズとは、通っていた教会で出会いました。

キリスト教には、12、13歳になると「私はずっとキリスト教徒でいます」と宣言する「コンファメーション」という儀式があります。今は無宗教の僕ですが、当時、僕もその儀式を迎えることになり、そこで教会で紹介されたメンターがジム・クーンズでした。

ジムはキリスト教のメンターとして、聖書の教えなどを丁寧に指導してくれました。でもそれ以上に大きかったのは、彼と一緒にハイキングなどに出かけ、日々の生活や人生について語り合ったことです。

「最近どう？」から始まり、学校で何かつらいことはないか、好きな子はいるのか、友だちとはうまくいっているのかなど、ジムとは、僕が年上の男性と交わしたかったような会話を、たくさんしました。

ポールが遊び心たっぷりのやんちゃな兄なら、ジムは優しく賢い兄。僕には本当の兄はいませんでしたが、この二人の兄的な存在のおかげで、年上の男性との密な交流を体験できました。

◉日本にも「お父さん、お母さん」ができた

さらには日本でも、僕は、ある一家のお世話になりました。

来日した矢先にパトリックが一時帰国することになり、まだ右も左もわからない、もちろん日本語も話せない僕は焦りました。そこで救いの神となってくれたのが、パトリックの紹介で知り合った藤永家のみなさんでした。

当時、パトリックは福井県の中学校で英語を教えていました。

藤永家は、お子さんがその中学校卒だった縁でお父さん、お母さんはPTA活動に関わっており、ひょんなことから、パトリックにもあれこれと気を遣ってくれるようになったそうです。

一時帰国するパトリックと入れ違いのようにして、今度は僕がお世話になることに

なりました。

藤永家にも、よく遊びに行きました。

炊飯ジャーのホカホカのご飯に、福井県特産の焼き物の容器に入った自家製の梅干し。初めての味に衝撃&感動だったこともあり、僕にとって「日本のおふくろの味」は今も「藤永さん家の梅干し」です。

ここも、寂しいとき、お腹が空いたとき、いつでも行ける身の拠りどころ、心の拠りどころとなりました。何度も何度もお邪魔しました。玄関も鍵かかっていませんでしたし！


もうキリがないので、これくらいにしておきましょう。

年に何回も福井の藤永家には行きますが、アメリカにはだいたい一回くらいしか帰らない。そのときには母と一緒に過ごすだけでなく、お世話になった家を訪ねます。「ビューシングママ」「グリーンリーズママ」「ガストンママ」。そう呼ぶのは、当時からの習慣です。実の母以外に、「ママ」「お母さん」と呼んで親しむ人が四人もできたこと、アメリカにも日本にも「第二の家族」ができたこと、本当に恵まれていたと思います。

両親が離婚し、母の仕事がなかなか安定しない中、10歳のころからアルバイトをして家計を助けながら、貧しい暮らしをしていた。これだけ聞くと、楽しい思い出なんて一つもない、苦しくつらい幼少時代だったと思われそうです。

たしかに、お金がないために悔しい思いもしましたが、それがすべてではなかったというのは、今の話で伝わったのではないでしょうか。僕はお金よりも大事なものに恵まれ、本当に豊かな人生だと、つくづく思います。

周りにたくさん助けてもらった僕が今、常々考えているのは、自分の子どもの友だちや近所の子どもたちのために、いったい何ができるだろうということです。

スキーにキャンプにバーベキュー、その他さまざまなアクティビティを通じて、子どもたちには楽しい思い出をたくさんつくってほしい。かつて周りの大人たちが僕にしてくれたように、今度は僕が、周りの子どもたちの健やかな成長に少しでも貢献できたら、と思っているのです。

貧困は悪いことでも隠すことでもない

経済的に恵まれていない子どもにとって、大きな足かせとなるのは、貧しいことを「恥ずかしい」と思ってしまうことです。

貧困を恥じ、隠そうとする。その延長線上に待ち受けるのは、「貧しいからしょうがない」という諦めです。

これには「貧しいから勉強できない」「貧しいからがんばれない」などと、貧困を言い訳にして努力を放棄することも含まれます。いってみれば、ある種の卑屈さ――それが子どもの成長を阻《はば》み、未来の可能性を狭めてしまう恐れがあるのです。

「私は、貧困は恥ずかしいことでも隠すことでもないと子どもたちに話しています。ひとまず世界の実態は置いておいて、日本では約8割の人が働いています。その中に、どうしてもお金が回らなくて大変になってしまっている人たちがいるわけです。

貧困の理由はさまざまだとは思いますが、仕事を怠けたり、ギャンブルなど無用な借金を重ねて首が回らなくなったりしている人ばかりではないでしょう。

むしろほとんどが、一生懸命、働いているのにお金に困っている。つまり本人たちに罪があるわけではないのだから、恥じるべきことでも隠すべきことでもないというのが、私の考えです」（キッズドア・渡辺さん）

この考え方にも、僕は全面的に賛成です。

大半の人は真面目に生きているのに、何かしら社会や制度の「エアポケット」にはまって困っている。だからこそ貧困は個々人だけの問題ではなく、やはり僕たちが生きる社会全体の問題として捉えなくてはいけないと思います。他人事ではなく、自分ごととして捉えなくてはいけない。

ましてや子どもたちが、自分の家が貧しいことを恥じたり隠したりする必要は、まったくありません。

僕自身が当事者だったから、恥ずかしい、隠したいと思ってしまうのは痛いほどわかります。

でも、「恥ずかしい、隠したい」で思考停止するのは、自分の可能性を棒に振るようなもの。そこで立ち止まってしまうなんてもったいないし、僕たち大人としては、そこで子どもたちを思考停止させてはいけないと思うのです。

みずからの可能性を開くために、必要な努力をする。貧困からくる諦めによって、子どもたちが、そんな当たり前の努力をする意欲を持てなくなるなんて、あってはならないことでしょう。

「親の収入格差が子どもの学力格差に直結しているのは事実です。でも、お金持ちの家に生まれたら、自動的に学力が高くなるわけではありません。たしかに余裕のある家の子は塾に通わせてもらえますが、なぜ成績が上がるかといえば勉強するからです。つまり本質的なことをいえば、お金があるかどうかではなく、勉強するかどうかで学力は分かれ、学力がつけば将来の選択肢も広がる。だから、あなたも家が貧しかろうと勉強をがんばればいいんだと、うちにくる子どもたちには伝えるようにしているのです。お金がないことは、努力しない理由にはならないよ、と」(キッズドア・渡辺さん)

お金のある家の子は勉強に専念できる一方、貧しい家の子は、勉強する環境を確保しづらいとか、アルバイトに時間を取られるなどで、とても勉強に専念できる状況にない場合が多いはずです。

そもそも「貧しい」という不安があると、何事にも集中しづらくなる。「今日はご飯があるだろうか」「お母さんは働きすぎに見えるが、大丈夫だろうか」「今月は家賃や水道光熱費は払えるだろうか」などなど、気になることが多すぎるのです。

だから、お金持ちの家の子と貧しい家の子が同じ条件であるはずはない。それは重々わかったうえで、「さて、あなたはどうする?」と問われたときに、「周りの助けを借りて、がんばってみたい」と答えられる子が増えたらいいなと思います。

「努力すれば必ず何かしら道が開ける。私たちは、そのためにいるんだよと伝えています。子どもたちも、そこが腑《ふ》に落ちると意識が変わるようで、急に勉強をがんばりだしたり、進学や希望職種など将来について真剣に考え始めたりと、物事との向き合い方に変化が起こりますね。全員がそうではありませんが。

『家が貧しくて本当に大変だったけど、それを乗り越えて今がある』――将来、そんなふうに胸を張れるようになってほしい。うちに通っている子たちに限らず、そういう人がたくさんいるような社会になっていかなくてはいけないと思うんです。『親が

お金持ちだったから成功レールに乗れた』という人ばかりではなく……」（キッズドア・渡辺さん）

そんな社会へと変えていくためにも、やっぱり社会ぐるみでサポートしようという意識と行動が必要です。当事者たちが恥じることなく支援を求め、その声に応える人が大勢いて、たとえ貧しかろうと誰もが自分の望む将来に手を伸ばせるように。

そういう社会を目指すことは、決して貧しい人を助け上げるというだけでなく、みんなが生きる社会全体を向上させる道ではないかと僕は思う。みなさんは、どう考えますか？

きっかけさえあれば、どんどん伸びる子どもたち

一番の理想をいえば、それは、もちろん貧困がなくなることです。

だけど現に貧困がある中で、困っている人（とくに子どもたち）を社会ぐるみでサポートすることが当たり前の世の中になってほしい。

日本財団の本山さんも、次のように話します。

「大人が愛情と時間をかければ、子どもは健やかに成長すると私は信じているんです。貧困家庭の支援事業は大変なことも多いですが、今、かけた愛情と時間は10年後、20年後に必ず形になる。だから子どもたちが成長できるような環境の整備を、政府も含めて私たち大人が、責任をもってやっていかなくてはいけないと思います」

まったくそのとおりだと思います。子どもたち本人にとってだけでなく、社会にとって、子どもの貧困は解決していくべき問題なのです。子どもはみんな「社会の子」なのだから。

僕も、いち当事者だった身として、微力ながらもサポート活動に関わりつつ、世の中の人たちにも「子どもの貧困」がいかに重い問題であるかを伝えていきたい。

常々、そう思っている身からすると、学ぶきっかけや、将来について考えるきっかけを得たことで、どんどん伸びる子どもたちが実際にいるというのは、とても勇気付けられる話です。

「最初は周りの子とケンカが絶えない子、意欲がまったく感じられない子などは少なくありません。家庭環境の不安が影響しているのでしょう。でも、こちらが根気よく『どうしたいの？』と問い続けると、自分で考えるようになるケースが多いんです。

たとえば、ある子は高校にほとんど行っていない状態でした。

2年生のときに学校から『このままでは卒業できない』と暗に退学を匂わされ、本人もやる気なし、という感じだったのですが、うちのスタッフが励まし続けたこともあって少しずつ学校に行けるようになりました。

それはよかったのですが、高校3年生になると、今度は進路をどうしたいのか、なかなかはっきりしません。すべては本人次第ですから、こちらは『どうしたいの？』と問い続け、『進学したいのなら、こういうやり方がある』といった情報を示し続けるしかありません。

すると、最後の最後で『やっぱり大学に行きたい』と。翌日が志望大学の願書締め切りというタイミングだったので、慌てて願書を入手し、証明写真を撮りに行ったりなどして、一緒に乗り切りました。バタバタでしたが無事、合格できました」（キッズ

ドア・渡辺さん）

高校生といえども、まだまだ子どもです。ほとんど社会のことも知らないから、自分がどうなりたいのかを、自分一人で考え、答えを出すことは難しい。「なれるかもしれない自分の将来像」を思い描くきっかけが、まず必要なのだと思います。

「あるときスタッフとこんな会話をしたことがあります。放課後に来ていた20人ほどの中学生の子たちを見ながら、『何もサポートがなかったら、この子たちの何人が（高校の後）大学に行くと思う？』『うーん、1人いるかどうか、ですかね』と。

塾で勉強しないと進学できない、お金がないと進学できない、そもそも親が子どもの大学進学を望んでいない、できるとも思っていない。こういう思い込みで最初から進学が選択肢にない子が多いんです。

だから、周りの助けを借りれば、お金がなくても勉強できるし、奨学金という制度もある。その気になれば進学できるんだという可能性を見せていなくてはいけないねと、改めて確認し合いました」（キッズドア・渡辺さん）

余裕のある家の子にとっては当たり前のような大学進学も、貧しい家庭の子にとっては、考えること自体が大きなハードルになります。進学するかどうか以前に、できると思っていない。だから進学という選択肢が見えない……。

「せっかくうちで勉強して（中学校を卒業し）、高校に入ったのに、4割もの子が中退してしまった、という現実に直面したこともあります。バイトを詰め込んで疲れ果てていたり、勉強についていけなかったり相談できる人がいなかったりで、学校から足が遠のいてしまうんです。

そこで高校生の学習支援を始めたわけですが、それからは中退する子は出なくなり、どんどん実力をつけて大学に行く子も増えました」（キッズドア・渡辺さん）

子どもは、たとえれば植物の「種」だと思います。

種が健やかに芽吹き、育ち、花開くには水と栄養と太陽、つまり適切な環境が必要です。

子どもにとっては、勉強できる、将来の可能性を見せてもらえる、人生について考えるきっかけを得られる、もしくはただ大人と雑談できる、そんな、環境があれば成長するはずです。

これらの場がなくては、どれほど可能性に満ちた種も花開きにくくなってしまいます。経済的に厳しい家では、親がその役割を果たしきれない場合が多い。それだけに社会的な場づくりの必要性を痛感します。

「社会の広さ」「自分の可能性」を知らせることが一番

子どもはみな、いずれ大人になり、社会に出ます。

成長する過程で、いつしか将来の夢や目標を抱く。すべての夢や目標が叶うわけではないけれど、挫折《ざせつ》すらも人生経験の一つとして自分の人生を形づくっていく。ところが経済的に厳しい家庭の子は、この当たり前のプロセスを歩むことも難しいようです。

なぜか。ひと言でいえば、見えている世界が狭いからです。

「子どもにはロールモデルが重要だといいますが、経済的に厳しい家の子どもたちには、ロールモデルがいません。

多くの場合、普段目にしているのは苦労している親の姿ですから、大人になるって苦労するということなんだと思ってしまう。それ以外の選択肢が見えないのです。みな見えている世界が狭く、周りに相談する人もいない。それが一番の問題ですね。

たとえば『安定を望むなら公務員を目指したら？』といっても、公務員が何をする仕事なのかがわからない。『どんな会社に入りたい？』といっても、そもそも世の中にどんな会社があるのか、会社が何をする場所なのか、わからない。

ですから、地元企業の協力を仰いで会社見学に行かせてもらうといった活動もしています。普段勉強を教えるボランティアさんたちと話すことも、そういう面ですごくいい影響がありますね。

ボランティアさんは、（会社をリタイアされた）シニアの方から、現役の社会人、そしてかつては生徒としてキッズドアに通っていた大学生までさまざまですから、そういう人たちと話すことが、見える世界を広げるきっかけにもなっているのです」（キッズドア・渡辺さん）

まず「世界は広い」ということを知らなければ、その広い世界の中で自分は何をしたいのか、ということも想像できません。

そう考えると、キッズドアの機能は、単に勉強の場を提供するだけではない。

そこは、言ってみれば学校や家の外側にある一番身近な「社会」。さまざまな人と接することで、子どもたちが「世界って広いんだ」「自分にも、いろんなものになれる可能性があるんだ」と感じ、自分の足で人生を歩む「本当の最初の一歩」を踏み出す場でもあるのでしょう。

「親御さんはみんな大変な思いで子育てをしていて、なかなか子どもの将来にまで気が回りません。今を乗り切ることで精一杯ということもありますし、いきなり『大学進学させる気があるか』と聞かれても、自分が大卒でないと、行かせたほうがいいのか、行かせることに何の意味があるのか、想像がつかないのです。

そんなわけで、学習会に来る6割くらいの子は大学進学を希望するのですが、親の思いがなかなか伴わない場合が多い。大学に行かなかった親をもつ子の多くが、大学に行かないという連鎖が生じている原因ですね。アメリカには、親が非大卒の子は入試で有利になるなど、この連鎖を断ち切る仕組みがあるんですけどね……。

また、報道などを通じて、『奨学金の返済が大変』『大学に行っても、結局は就職活動で苦労する』といったイメージを抱いている親御さんも多いようです。そういう人は、『大学に行くといろいろと大変だから』と、子どものためを思って大学進学をすすめない。さまざまな支援制度をご案内すると、『子どもががんばりたいっていうなら、応援しようかな』と変化する親御さんもいます」（キッズドア・渡辺さん）

親自身もまた、世界が狭くなってしまっている。朝から晩まで忙しく働いて、「明日のご飯」や「来月の家賃」の心配をしているような状況では、そうなっても仕方ありません。そこで自己責任論を持ち出すのは、あまりにも冷淡でしょう。

「たとえば、ある子は生活保護を受けていたこともあって、就職か進学かで迷っていたのですが、私たちは『生活保護だから進学しちゃいけないなんてことはない。進学したいんだったら、したほうがいいよ』と励まし続けました。結局、短大に進んで、今はオフィス機器メーカーで営業の仕事をしています。今でもときどき顔を見せてくれるのですが、すごくイキイキしていますよ。

また、ある子は、高校3年生になっても進路の希望が定まっていませんでした。大学を目指して勉強しているわけでもないし、かといって就職活動を始めているわけでもない。しつこく『どうしたいの？』と聞いていたら、あるとき、好きな洋服のブランドがあると話してくれたんです。『そういう仕事って、あるのかな』と。やっと希望らしきものが聞けたので、すぐに学校の先生のところに相談に行かせました。先生もすごく親身になって、あちこち問い合わせたり、調べたりしてくれて、結果的に、その好きなブランドのお店で働けることになったんです。

もし希望を聞き出すことができなかったら、二人とも何となく高校を卒業して、ファストフード店などでアルバイトしていた可能性が高いと思います。もちろんこの子たちに限らず、みんなそうです。社会に出る前の子どもに周りの大人が寄り添うことの重要性を、改めて感じました」（キッズドア・渡辺さん）

キッズドアの高校進学率は100パーセント、大学に進学する生徒も増えているとのこと。

この場所と出会えた子どもたちが、今日もいろんな大人と接し、励まされ、サポートしてもらいながら、将来を切り開いています。「貧しくても人生を諦めなくていい」と示してくれる人の存在は、やはり欠かせないのです。同様の取り組みが、もっと広がればいいなと切に思います。

自分の足で歩み出した子どもたち

◉「やりたいこと、やってみようかな」で海外留学

キッズドアに通っていた子たちは、今、どんな人生を送っているのでしょう。理事長の渡辺さんの話からも、高校進学、大学進学と将来の可能性を広げていることが窺《うかが》われますが、ご本人たちにも話を聞いてみました。

取材に応じてくれたのは、北川羽有《はる》さんと川﨑剛《ごう》さんのお二人。

羽有さんは、現在、海外の大学に留学中だといいます。どうして留学しようと思ったのかというと……？

「中学3年から高校に上がるころは、とくにやりたいことはありませんでした。というか、できることとできないことを無意識のうちに線引きしていた気がします。でもキッズドアに通って、いろんなバックグラウンドの人たちと話したりしているうちに、

『やろうと思えば、できないことはないんだろうな』って感じられることが多くなってきたんです。

学校や塾だと、『教える人』『教えてもらう人』という上下関係みたいなものがありますが、ここにいるのは社会人のボランティアさんや学生ボランティアさんなので、もっと『人対人』という感じで、いろいろなことを話しやすかったです。

『じゃあ、やりたいこと、やってみようかな』と思って最初にチャレンジしたのは、高校1年生のときの1年間のアメリカ留学でした。英語が好きだったからです。東京都が設けている留学プログラムで、金銭的な援助もあるということだったので応募してみようと思いました」

このチャレンジが実って、高校2～3年をアメリカの高校で過ごした羽有さん。

まさにキッズドアで出会った人たちが、「こういう生き方もあるんだな」「自分にもやりたいこと、できるかな」と思わせてくれるロールモデルとなった。そこで、以前は選択肢にすらなかったことが、実現可能なチャレンジとして浮かび上がってきたわけですね。

この羽有さんの話を聞いても、やっぱり、人との触れ合いを通じて自分について考え、将来の希望を抱くきっかけを得る場の力は大きいと考えさせられます。いつも家に一人でいては、なかなかこんなふうに思考は広がらないでしょう。

「英語を重点的に見てもらったり、留学経験者の方に日本から持っていくといいものを教えてもらえたりしたのも助かりました。自分ではちょっと無謀かなと思うようなことでも、それを叶えるために何をしたらいいのかを一緒に考え、サポートしてくれる人たちの存在は大きかったなと思います」

こうして羽有さんは、周りのサポートを得ながら高校留学という最初の大きなチャレンジを実現させ、今はなんと、中欧チェコの大学に留学中とのこと。授業は英語で受け、日常生活ではチェコ語を習得中だそうです。ちぇこっとしか話せないと言いますけど。

◉海外から見えた日本と自分

それにしても、いったいどういう理由で、羽有さんは留学先を決めたのでしょう。

「理由は単純で、他の国より格段に学費が安かったからです。チェコの大学は、1年で16万円くらいで済むんですよ。航空機も安い時期を選べば往復で7万円もかからないくらいです。

こういう情報も、キッズドアで『大学も留学したい』と言って、『じゃあ、どうしようか』と一緒に調べてもらっているうちにわかったことです」

「学費が安いから」！　十分すぎるくらいの理由でしょう。その発想があったおかげで、誰もが行くような英語圏ではない国に行き、人とは違う海外滞在経験ができることになったと思えば、むしろ儲《もう》けものですね。

周りの「普通」とは違う境遇にある人は、こうした通り一遍ではない道を選ぶことが多いのかもしれません。すでに、この留学で得たことも大きいようです。

「日本の中学の同級生は、親が政界人や財界人だったりと裕福な家の子ばかり。芸能人の子どもとか、海外で生まれ育った帰国子女、という子もいました。そんなふうに、もともと恵まれている子が多い中で、私は自分でがんばってチャンスをつかんでいるほうなのかなと思っていたんです。

でも留学先には、私よりもずっと貧しくて、『3年間、毎日たくさんアルバイトして学費を貯めた』みたいな人もたくさんいます。世界には、私が日本で感じていた格差を倍増させたような格差があるんだなと思いました。

私の家は裕福ではないけれど、がんばれる環境はあった。それは恵まれていることだったんだな、と。前からありがたいとは思っていましたが、いざ日本を出てみて、世界と比べると日本はやっぱり恵まれているんだと身をもって感じたんです。

でもその一方で、向こうの人たちからすると、日本は世界第3位の経済力を持つ先進国です。私も『豊かな日本から来た豊かな子』という目で見られることがほとんどなので、日本にも格差はあるというのは伝えていきたいですね」

自分自身のことや、自分の国や文化を客観的に見られるのは、海外暮らしの最大のメリットです。羽有さんも留学を通じて、日本基準とは別の見方ができるようになった。それは何かしらの形で必ず人生に生きるでしょう。素晴らしいですね。

そして今、羽有さんの関心はビジネスに向いているといいます。

「高校はアメリカ、大学はチェコと2ヶ国に留学してきましたが、また別の国に留学してみたいです。交換留学制度を利用して別のヨーロッパの国か、中国や韓国などアジアの国もいいかなと思っています。

将来的に考えているのは、海外でMBAをとってから帰国し、自分でビジネスをやってみること。ベンチャーキャピタルなど、ビジネスを支援する側に立つのもいいなと思っているところです」

最初の「やってみようかな」で始まったチャレンジが、すでに「将来は自分でビジネスをやってみたい」という目標をもつほどにまで育っている。その変化に驚かされると同時に、「できるかもしれない」と思えることが、どれほど子どもの未来を切り開く鍵となりうるのかを、羽有さんに見せてもらった気がします。

◉将来の目標は「官僚」

現在、ある日本の大学に通っている川崎剛さんも、勉強の場を確保しつつ、進学に関する情報を得られたことが大きかったと話します。

「経済的に私立は無理なので、国公立を目指すしかない。でも塾や予備校に通う余裕はないので、自分でがんばるしかないというのは考えていました。ただ、それで受かったとしても大学の学費はどうなるんだろうと思っていました。

何を勉強したいのか、はっきりしていなかったというのもありますが、やっぱり、あまり豊かでない家の状況などいろいろと気になって、『大学は無理かな』と思う面もありましたね。

だから、キッズドアや学校の先生方のおかげで、奨学金の情報を得られたのは大きかったです。手続きでは区役所の方にもたくさん助けていただいて、無事、奨学金を申請することができました。貸与型と給付型の組み合わせで、学費を賄っています。経済的な理由で大学進学を諦めることにならなくてよかったです」

支援策が十分ではないにしても、頼ろうと思えば頼れる制度はあります。ところが、せっかくあるのに情報が行き届きにくい。これも大きな課題だと思います。

剛さんの場合は、キッズドアや学校の先生が情報面でも手続き面でも助けてくれたおかげで奨学金について知り、進学の道を開くことができた。よかったですね。

では実際、大学に入ってみてどうだったのでしょう。

「文学部なんですけど、周りがけっこう時事問題について話していて、そこが高校とは違うなと思いました。自分は今までは政治や経済に興味がなかったのですが、周りが話しているので自分で調べたりして、興味が広がっています」

そして将来は、なんと「官僚になりたい」と目標を定めているそうです。

「ちょうど国家公務員の予備校のガイダンスに行ってきたところなんです。大学でも政策論など政治系の授業をとっています。将来は、5年、10年という短いスパンではなく、50年、100年スパンの国家のグランドデザインを見据えて、政策立案などに関われたらな、と。そのために官僚になりたいと思っています」

かつて政治などにはまったく関心のなかった青年が、今では、こんなビジョンを描いている。ここで思い出したのは、キッズドアの渡辺さんの「日本は、制度を作る側の人たちに実態が見えていない。1000円、2000円にも困る人がいるということにまで想像が及んでいない」という言葉です。

剛さんのような当事者が制度を作る側の人になったら、より実態に見合った制度への改善も早まるに違いありません。官僚になるという目標、僕も陰ながら応援しています。

なぜ勉強するのか——。

学校に行くことが当たり前、勉強できることが当たり前の環境にいると、つい、こういう疑問をもってしまう子どもも多いと思います。でも、この二人の体験談は、勉強することの本質的な意義を明らかに示していると思いました。

なぜ勉強するのか。それは自分の未来を切り開くためなのです。だからこそ、勉強する機会は、すべての子どもに等しく与えられていなくてはいけません。

キッズドアの渡辺さんは、こんなふうにも話していました。

「私たちは何より多様性を重んじています。それをキッズドアの確たる『文化』として、それぞれ異なる子どもたち一人ひとりを大事にして、一人ひとりの状況を把握してサポートし、一人ひとりの成長を見守り、一人ひとりの自己肯定感を育むということを、愚直にやっていくことが大事だと考えているのです。

そうすることで、成績の優劣や経済的な優劣などではなく、自分自身の幸せを見つけて、そこへ向かっていけるように育ってくれたら、と。どのような道を選ぼうとも、本人が幸せであることを一番に思っています」

羽有さんと剛さんのお話を聞かせてもらっただけでも、キッズドアの取り組みはたしかに結実していると感じられます。この二人と同様に、それぞれが見つけた自分の幸せに向かって、自分の足で歩み出す子どもが、もっと増えていったらと願わずにはいられません。

奨学金という借金地獄をどうする？

貸与型奨学金の返済が、就職してから重い負担となり得るという問題には、前にも少し触れました。

奨学金の制度があるから大学進学の道が開かれる。それは事実ですが十代後半から数百万円の借金を背負い始めるというのは、過酷な選択といっていいでしょう。

大学を卒業し、社会人として出発したとたんに、月に約1〜4万円を返済に回さなくてはいけない。一般的に手取りで20万円前後の初任給では、その数万円が重い負担となるのです。貯蓄なども難しくなることから、結婚し、子どもをもつといった将来設計も立てづらくなってしまいます。

借金地獄。そう言っては大げさかもしれませんが、若者にとって確実に重い負担となる奨学金返済をどうしたらいいのか。

解決策の一つとして考えられるのは、会社が返済を肩代わりすること。現にアメリカには、コスメーカーのエスティローダーや証券会社のフィディリティなど、社員の奨学金返済をサポートしている企業があります。前者は毎月1万円ほど、後者は年間10万円ほど社員のローン返済に協力してくれるのです。

考えてみれば、とても理にかなった制度ではないでしょうか。

国からお金を借りて学業を修め、将来有望な人材となって入社してきた社員がいるとします。

企業側としては、今まで受けてきた教育などすべてを引っくるめた、その人の将来性に期待して採用したはずです。だから、その将来性を培うのにかかったお金の返済を企業が支援するというのは、とても自然なことに思えるのです。

借金は借金でも、奨学金は教育を受けるための借金です。企業からすれば、いってみれば前倒しで国が人材育成のお金を出してくれたようなものですから、それを後から返すと考えればいいわけです。

左からノバレーゼ・岩井雄紀さん、佐藤慎平さんと著者　2019年12月17日

日本にも、奨学金返済支援制度を取り入れている企業があると知り、お話を伺いました。

その企業、株式会社ノバレーゼは、ウエディングプロデュースとレストラン運営を手掛ける会社。奨学金を返済している社員に対し、入社5年で100万円、入社10年で100万円の最大200万円を支給する奨学金返済支援制度を、2012年に導入しました。

入社13年になる総務人事部マネージャー・佐藤慎平さんは、この支援制度の提案者であり運用担当者。ご自身も奨学金返済中の社員として、返済残高80万円ほどを支給されたといいます。

佐藤さんが奨学金返済支援制度を提案しようと思ったのは、自分自身が返済を負担に感じていたことに加えて、自分以外にも似たような状況にある同僚がいると気づいたからだそうです。

「入社4年くらいのときに、地方の支社から東京本社への転属が決まって上京したのですが、それからが一番大変でした。家賃は一気に上がりましたし、物価も高いので食費などの生活費もかなりかかります。奨学金を返しながらでは、東京の生活は非常にきつかったですね。

それを、たまたま会社の飲み会でポロッとこぼしたら、『じつは自分も』という人がけっこういたんです。困っているのは私だけじゃないんだと思いました。

ならば会社の福利厚生制度の一環として、社員の奨学金返済をサポートするような制度をつくれないだろうかと考えたのが始まりでした。総務人事部に所属していたので、そういう発想も働きやすかったんだと思います」（ノバレーゼ・佐藤さん）

こうして佐藤さんは奨学金返済支援制度の企画立案に取り組み、上層部とも検討を重ねて無事、導入されることが決定しました。

ところで、先ほど挙げたアメリカの企業では、毎月の給料に返済額を上乗せするという方式になっているようですが、ノバレーゼは、１００万円というまとまった額を

2回に分けて支給している。これには、どんな意図があるのでしょう。

「月々の返済額を支給するという案もあったのですが、5年ごとに2回という案に落ち着いたのは、『まず5年勤めれば100万円もらえる』というのが社員のモチベーションにつながると考えたからです。

会社としても、せっかく支給するなら、より効果的な方法で支給したい。やはり長く働いて社に貢献してほしいというのが会社側の思いですから、一定の年数的な区切りを設け、『今までお疲れさま。ありがとうね』という意味も込めて100万円をまとめて支給する、という方法をとることにしたんです」（ノバレーゼ・佐藤さん）

フィディリティは奨学金返済制度に参加している新入社員が会社を辞める割合が、そうでない人より70％も下がったといいます。奨学金の返済支援制度が優秀な人材を会社に留めるのにかなり貢献しているのではないかと見られています。

たしかに奨学金返済を肩代わりしてくれたら、長く働いて会社に恩返ししたいと思うのが人情というものでしょう。それはノバレーゼでも同じようです。

「まだ利用者の母数が少ないのですが、今のところ、100万円を受け取った後に辞めたというようなケースはありません。

私自身もそうですが、みんな『支援してくれてありがとうございます』『がんばります』という気持ちになるのでしょう。より業務に邁進《まいしん》して活躍してくれている社員がほとんどのはずです」（ノバレーゼ・佐藤さん）

入社8年になる岩井雄紀《ゆうき》さんは、入社5年目で満額100万円を受け取った社員の一人。入社間もないころ、制度導入を検討するにあたって、もっと当事者の実情を知りたいという役員たちからインタビューを受けたそうです。

「貸与型の奨学金だと、月に2〜3万円を約20年にわたって返済しなくてはいけません。役員陣には『奨学金＝給付型』というイメージがある人も多かったようで、まず、そういう状況にある人がいるという話に非常に驚かれたのを覚えています」（ノバレーゼ・岩井さん）

約20年といったら住宅ローンと同じくらいです。返さなくてはいけないとわかってはいても、まだ社会に出ていない高校生のころには、返済していく予想図はあまり現実味はなかったのではないでしょうか。

「当時から『将来は、奨学金を返済しながら人生計画を立てなくてはいけないんだな、大変そうだなあ』というイメージは一応、ありました。実際に社会に出て、返済しながら生活が始まると、かつてのイメージが現実として迫ってきて『やっぱり社会人って大変なんだな』と実感しましたね。返済に回す数万円を勉強や趣味、人付き合いなど別のことに使えたらいいのに……というのは、常に頭の片隅にありました」（ノバレーゼ・岩井さん）

それが入社1年も経たない内に、会社が奨学金の返済を手伝ってくれると決まり、5年後には100万円を受け取れることになった。

そんな制度を取り入れている企業の話は聞いたことがなかったから、岩井さんは「すごくびっくりした」そうです。どれほどホッとしたか、心強かったかは想像に難《かた》くありません。

奨学金返済支援で、将来設計が立つようになる

貸与型の奨学金の最大の問題点は、受給者が経済的な厳しさから抜け出しづらいことです。

奨学金を返済しなくてはいけないから、いくらも貯金に回せない。貯金がないからマイホームを買う頭金を用意できない。そうなると、ずっと不動産を持たないまま賃貸生活が続き、資産はなく不安しかない老後を迎えることになる。

企業が奨学金返済をサポートすれば、こんな魔のループにはまる人を大幅に減らすことができるはずです。

ノバレーゼの佐藤さんと岩井さんも、次のように話します。

「ちょうどこの支援制度が導入されたころに、私は結婚しました。もし返済支援制度

奨学金受給状況（全学生のうち奨学金を受給している人の割合）

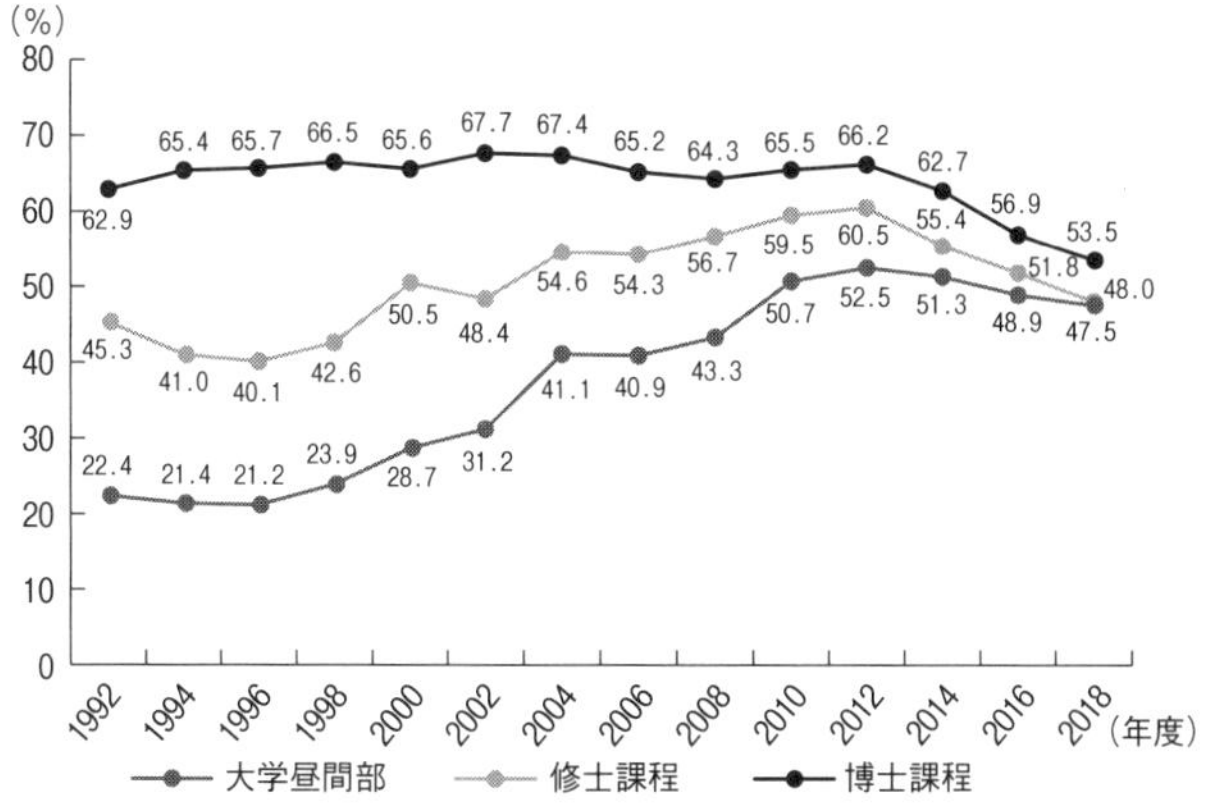

独立行政法人日本学生支援機構「学生生活調査」

がなかったら、返済の負担が続くために人生の大きなイベントがすべて後ろ倒しになるか、叶わなかった可能性が高いと思います」（ノバレーゼ・佐藤さん）

「もし返済支援制度がなかったら、奨学金の完済予定は42歳のときです。私も昨年結婚したのですが、仮に42歳まで返済しなくてはいけない状態が続いていたら、正直、どうなっていたかなと思います。家に入れられるお金も減ってしまいますから、相手に引け目というか、申し訳ない気持ちになっていたと思うんです。

でも、すでに100万円受け取り、あと3年ほどで次の100万円を受け取ったら完済になるので、かなり気持ちが楽です。

そこまで助けてもらうわけですから、やっぱりもっと会社に貢献したいなと純粋に思いますね」（ノバレーゼ・岩井さん）

現在、岩井さんは30歳で、3年後に完済になる。つまり10年近くも完済予定が早まるということです。

これは今後の人生設計を考えるうえでも、すごく大きな違いでしょう。会社に対する貢献欲が高まっているというのも、自然な心の動きとしてうなずけます。

佐藤さんによると、奨学金返済支援制度の導入を考える企業は、徐々に増えているのではないかとのこと。その先駆けとして、他企業から体験談やアドバイスを求められることも多いそうです。

かつて学生さんが国から借りたお金を、その学生さんが入社した企業が一部でも肩代わりする。この仕組みは、ぜひ一つでも多くの企業に広まってほしい。

そして経済的に厳しい家庭に生まれ育った人でも、奨学金返済の不安なく人生設計を立てる――結婚する、子どもをもつ、家を買うといったことが、当たり前にできる世の中になっていけばいいと思います。

子どもには「ポジティブな体験」が絶対必要

子どもの健やかな成長には「遊び」も欠かせません。

僕の場合、いわゆる家族旅行の記憶はほとんどない。母も仕事を休めないし、僕も新聞配達があって、友だちが遊んでいるときに僕だけ働いていることも多かった。でも、まったく遊びのない幼少期だったわけではありません。

すでにお話ししたように、友だちの親や教会、YMCAなど周囲のサポートのおかげで、お金がないなりにキャンプやスキー合宿、合唱団のツアーなどに参加することができました。

周りの子に比べれば苦労は多かったにしても、楽しい記憶もちゃんとあるのです。ちなみに、それは、金銭的な支援もいただいた上、本業で忙しくても朝イチで僕の代わりに新聞配達をしてくれた母のおかげに他なりません。母にも感謝、感謝。

では、日本の貧困家庭の子どもたちはどうなのでしょう。ちゃんと遊べているんだろうかと思うと、ちょっと心配になってしまいます。

日本財団の本山さんは、次のように話します。

「貧困家庭に育った私もそうなのですが、財団が支援している子どもたちの多くは家族旅行の経験がないですね。日帰りで少し遠出するなど、ちょっとした『お出かけ』すらしたことがない子も珍しくありません。

こういうと『旅行なんて贅沢だ』というご意見もあるとは思いますが、そういう体験って、子どもにとって非常に重要ですよね。いつもとは違う世界を見る。大自然に触れて感動する。こういった体験が刺激になって生きる力が育まれるとか、何かに関心をもつきっかけとなって、夢を抱いたり、『がんばろう』という気持ちになったりする土台が築かれることもあると思うのです」

本当にそのとおりだと思います。今いる場所の外に出たことがなければ、それだけ思考の幅も興味の幅も狭まってしまう。それは、とりもなおさず、将来の可能性まで も狭まってしまうということ。

そこで日本財団では、子どもに素敵な遊び体験をプレゼントするという理念のもと、2019年夏に初の試みとして、子どもたちを沖縄旅行に連れて行くというプロジェクトを敢行したそうです。

「80名ほどの子どもを引率しました。みんな初めての飛行機に大興奮でしたね。沖縄の美しい海でマリンアクティビティをしたり、宿舎でみんなで遊んだりと楽しんだことが、何か人生そのものをポジティブに捉える経験になったらなと思います」（日本財団・本山さん）

思い返してみれば、僕は母と一緒に飛行機に乗ったことがありません。母とした一番の遠出は隣町へのドライブだけ。ちょっと切ない気持ちになります。

日本の貧困家庭の子どもたちにも、本当は家族旅行をさせてあげたいけれど、それぞれ事情があって難しい場合が多いのでしょう。

遊びを通じて、子どもならではの探究心や好奇心がいっそう育まれるよう、日本財団の旅行プロジェクトのような取り組みが、もっと多くの機関や団体で行なわれるようになることを願っています。

「機会平等性」のある社会に

僕にとって貧乏とは、苦しいものであると同時に、「生きる力」をもたらしてくれたものでもあります。

日本財団の本山さんも、「貧しかったことでハングリー精神が培われ、タフになったと思う」と話していました。

ただし、貧困から得るものがあるからといって、世の中の貧困を放置していいわけでは絶対にありません。

貧困対策のために社会福祉を手厚くするという話になると、よく「そんなことをしたら自由競争がなくなる」、「無条件にものを与えられたら、誰もハングリー精神が養われず、がんばる気にもなれない」といった批判が起こります。

こういう意見に僕は大反対ですが、貧困対策のプロフェッショナルはどう考えているのでしょう。

福祉が行き届いていないところには補いながらも、健全な競争社会を保つには、どういうスタンスで貧困対策に向き合うべきなのか。日本財団の本山さんに、率直にぶつけてみました。

「貧困家庭の子どもは、そうでない子どもと比べると、いろいろなものが『欠如している状態』です。経済的な面だけでなく、親の愛情をちゃんと感じられていないとか、家庭的な面でもさまざまな難しさを抱えています。そういう状況に置かれているためにハングリーにならざるを得ないのです。

そのハングリー精神を奪うということではなく、欠如しているところを補う。ハングリー精神が折れそうになったときに支える。そういう意識が支援側には大切ではないでしょうか」（日本財団・本山さん）

なるほど。僕自身を振り返ってみても、たしかに経済的に厳しい状況にあると、生き延びるためには精神的にタフになるしかありません。しかし、あまりにも長く厳しい状況が続くと、先が見えなくなり、人生を投げてしまいたくなる。

それを防ぐために、子どもたちの心が折れてしまわないよう手を差し伸べ、サポートするという姿勢が必要なんですね。


本山さんはさらに、「機会平等性」という言葉を使って説明してくれました。

「貧困対策で重要なのは『機会平等性』です。

支援したからといって、貧困家庭がお金持ちになるわけではありません。

ただ、マイナスの状態をゼロに調整する。そうすることで、貧困家庭の子どもたちが、そうでない子どもたちと同じスタート地点に立てるようにする。我慢していたことをできるようにする。がんばりたいときに背中を押す。諦めそうになっているときに相談に乗り、またがんばれるように励ます。

このように、すべての子どもに等しく機会が与えられるよう支援するというのが、私たちの役目だと思っているのです」

「機会平等性」というのも、非常に重要なポイントだと思います。

「機会」は平等だけど、そこでチャレンジした「結果」は平等とは限らない。個々人の適性や能力によって結果が分かれ、だからこそ健全な競争が生まれる。そこで切磋《せっさ》琢磨《たくま》して、みな成長していけるわけです。

そのためにも、スタートがマイナスの子どもたちにはサポートが必要でしょう。

「貧困家庭の場合、親だけにその役割を求めるのは酷です。ひと昔前だったら近所のおじさんやおばさん、お兄さん、お姉さんが果たしてくれる部分も大きかったのでしょうが、現代日本の地域社会では難しくなっている。

やはり、ある程度、公的な支援体制の拡充が必要だと思います。手厚すぎる支援ということではなく、あくまでもハンディをなくすための支援です。

子どもは生まれる家庭環境を選べないので、子どもの内は——つまり社会人として働き出すまでは何かしらの支援をし、機会の平等性を確保するというのが社会の義務ではないでしょうか」（日本財団・本山さん）

子どもは生まれる環境を選べない。重い言葉です。

生まれる環境によって、できること、できないことが分かれるなんて、それこそ不平等の極み。大いに学び、大いに遊ぶ。この当たり前のことを、当たり前にできない子どもが少しでも減るよう、今こそ公的支援の更なる整備を求めたいところです。

もちろん、機会平等性のある社会にしていくためには、僕たち一人ひとりの意識と行動が変わることが重要であるというのは、言うまでもありません。

第5章
貧乏力
――「人一倍がんばれる力」という財産

貧乏コンプレックスから生まれた精神力

歴史に「ｉｆ（もし）」は禁物だというけれど、もし僕が貧乏じゃなかったら、どうなっていたんだろう？

貧乏でなくても成功している友人はいるので、「貧乏だったからこそ、今くらい豊かになれた」と言い切ることはできません。ただ、もし貧乏な幼少期を送っていなかったら今の僕はいない。それはたしかです。

すでにお話ししてきたように、幼いころの僕にとって一番重要だったのは、お母さんを困らせないこと、お母さんを喜ばせること。その気持ちがなかったら、バイトに勉強に部活にと、あれほど一生懸命に取り組むことはできなかったに違いありません。

それに加えて、誰にも負けたくないという競争心。英語に「chip on your shoulder」という言葉があります。バカにしているのかと、すぐイラっとする「ケンカっぱやい」

といった意味なのですが、十代のころの僕は、まさにそんな感じでした。

とにかくどんな分野でもいいから、勝ちたいという気持ちが強かった。アメリカンフットボール部を諦める代わりにバレーボールや飛び込み競技、体操などのマイナースポーツを選んだのもそう。幅狭い専門家ではなく「何でもできるオールラウンダー」になろうとしたのもそうです。

ぶっちゃけ、僕は勉強がよくできました。でも、それだけではなく、合唱団ではソロパートを振られ、演劇では主役を任される。でも、歌や演劇ができる割にはスポーツもうまい。

すべて一番ではないけれど、スポーツが得意な人がいたら「成績表を見せてみろよ」、歌や演劇が得意な人がいたら「僕くらい速く走れるか？」、自分より勉強ができる人がいたら「歌はどうだ、演技はどうだ」と違うカードを切る意識をもっていました。

まとめていえば、「ほら、お金がなくても負けないぞ」と睨《にら》みを利かせていたchip on your shoulderな少年だったのです。決して虚勢ではなく、そんな強い精神力と実力が養われたのは、間違いなく貧乏だったからこそ。財産だと思っています。

ただ、僕の優越感のせいで人を傷つけてしまったこともあります。高校の演劇部では振付も担当していました。自分は何でもできる気でいたから、ダンス経験者もいる中で「はいはい、僕がやる！」と申し出たのです。そして振付の覚えが悪い人をからかって、みんなの笑い者にしてしまった。その人は、みんなが帰った後でひっそり泣いていたそうです。

「パトリック、あなたは自分で思っている以上に、みんなの憧れの存在になっているの。あなたは楽しんでいるだけかもしれないけど、あなたの言葉には重みがあって、からかわれたりすると傷つく人がいるのよ」

忘れもしない。演劇部のウィザースプーン先生にこう諭されて以来、優越感をひけらかすのはやめました。周りの人にもっと感謝し、優しくなろうと方向転換したのです。17歳くらいのころのことでした。

貧乏の反動で人を傷つけ、その反省から、周りに感謝すること、優しくすることの重要性を学ぶことができた。「怪我の功名」というのもおかしいけれど、これも貧乏の財産といえるのかもしれません。

「あのころに比べれば……」と思えば、何でも幸せ、何でもがんばれる

「三つ子の魂百まで」という言葉のとおり、幼少期に身についた金銭感覚は大人になった今でも続いています。

あるとき、母から小さなノートを与えられたことがあります。

「何にお金を使っているのか、ちゃんとわかってておかなくちゃいけないよ。だから、出かけるときは財布の中にある金額を必ずこのノートに記すこと。そして帰ってきたら残金を記して、減った分は何に使ったのかもメモしなさい」

結果からいえば、この言いつけを守ったのはほんの数週間くらいで、まったく長続きしませんでした。

それでも効果はてき面でした。このノートをきっかけに、僕は「キャンディバー一

つも安易に買えない」という自分の現実を実感しました。今でも脳裏に浮かぶ、あの青い表紙のノートが僕の金銭感覚の原点です。

正直、今はまったく生活には困っていません。だけど、いつも頭のどこかで「もっと節約できないかな」「これは金額に見合うものかな」という意識が働いている気がします。意味のない出費はしたくありません。

ケチといえばケチかもしれませんが、一方、僕は、お金をかけなくても満足できるということでもあります。

「おやつにアイスクリーム？ やったー！」「今日はターキーのひき肉じゃなくて本当のビーフ？ やったー！」という、あのころの感覚はずっと続いていて、世間で言われるような贅沢をしなくても十分、喜べるのです。

たとえば、日本で就職し、お給料をもらえるようになって、できるようになったこと。たくさんありますが、たとえば、ホームパーティで「ケンタッキーフライドチキンのパーティバーレル」を買える。なんという幸せ。

上京して芸能人になってみると、旅番組のレポーターなんていう仕事があります。

タダで旅行できるばかりか、それでギャラをもらえる。機内の食事も、おやつのナッツもタダ。ナプキンもタダ。ありがたい。制作会社が手配してくれる宿は、何も高級旅館でなくても、いつもビジネスホテルですが、十分に贅沢と感じられます。

撮影現場やテレビ局のスタジオ、楽屋には、決まってお弁当やおやつが準備されている。この世界に入って20年以上になるけれど、今でも毎度、「ありがたいなあ」「うれしいなあ」と思います。

他にも、好きなお菓子を「大人買い」できる。その日ごとに食べたいお肉を選べる（高級国産霜降り牛は滅多に買わないけれど！）。お金に困ったことがない人にとっては当たり前のことかもしれませんが、僕にとっては、すべて「あのころはとうてい叶わなかった幸せ」を感じる瞬間です。

貧乏生活が長いと、普段当たり前のようにあるものは、本当は当たり前じゃなくて、ありがたいことなのだと常に感じられるのです。

金銭面だけではありません。

芸能人の仕事は家を出る時間がバラバラです。ときには朝の5時に出なくてはいけない日もある。本音を言えば「もっと寝てたいよ……」とは思うけど、朝3時に起きて新聞配達をしていた日々よりはずっとラクだな、と思う自分もいます。

今までで一番大変だったのは、配達先を445軒にまで増やした高校時代。僕の人生は、そのころからどんどんラクになっている気がします。

「あのころに比べれば」と思えばこそ、小さなことでも幸せを感じられて、多少、大変なことなんて苦労の内に入らない。そういうマインドを養えたこともまた、僕にとっては貧乏生活のギフトなのです。

「がんばってる俺」が、かっこいい！

僕の生き方、人生観――というとちょっと大げさですが、常に僕の中には「がんばってる俺ってかっこいい！」という気持ちがあります。

これも、お金がなかったころから続いている感覚の一つです。

友だちは親にお金を出してもらって参加するサマーキャンプに、僕は、お菓子を売って自分で稼いだお金で参加する。10歳から始めた新聞配達のアルバイトで、家計を助ける。

そんなふうにいつもがんばっている自分って、なんてかっこいいんだろう！　と。

サマーキャンプでは、こんなこともありました。

高校生以上は、運営の手伝いをすると参加費が免除になります。家々を回ってお菓子を売り歩かなくても、早朝の新聞配達で稼いだお金を使わなくても、キャンプに参加できるということで、高校生になった僕は迷わず、その方法に切り替えました。

作業には簡単なものも大変なものもありましたが、いずれにせよ、半日だけ手伝えば参加費用は免除されます。

でも僕は、あえて大変なほうの作業を買って出ていました。木を切り倒して山道を切り開いたり、切った木で橋を作ったり、宿泊のためのキャビンを設営したり。二人で持てばいい丸太を一人でかついで運ぶのも好きでした。

そんな僕を見て周りは「うわ、バカだなー」なんて言っていましたが、僕の耳には「バカ」とは聞こえません。周囲の呆れた声は、ぜんぶ「すごいな！」という賞賛に聞こえていたのです。丸太をかつぐ二の腕の力こぶ、額に光る汗。そんな姿の俺って、かっこいい！

また、なるべく、お金を使わないようにするというのも、「がんばっている自分」を実感することにつながりました。

お金持ちは、お金を使って楽しむ。でも、そんなことは、お金さえあれば誰にだってできる。僕はお金がないぶん、体力、思考力、想像力を使って楽しむんだ。

負け惜しみにしか聞こえないかもしれませんが、そう言い聞かせているうちに、がんばっている自分を実感できて、そんな自分を好きになれるのです。

英語には「A penny saved is a penny earned.（1円の節約は1円の儲け）」ということわざがあります。

今でも、まさにその精神で、いかにお金を節約するかを考えます。

たとえば電車に乗ると往復1000円かかるところを自転車で移動すれば、1000円の節約（つまり1000円の儲け）。そのために電車よりも大変な自転車を選ぶ自分は、やっぱりすごいぞ、かっこいいぞ、と思うわけです。

何事においても、人一倍がんばっている自分が好き。頭と体を動かすことを怠けるのは大嫌い。今の僕があるのは、貧乏の中で、こういう感覚が自然と培われたおかげでもあると思っています。

遠慮するくらいなら、素直に図々しくなれ

貧しい生活をしていると、人のありがたみが身にしみます。

困ったときに人の助けを求められる。感謝はするし、恩返しは心がけますが、ある種の図々しさを身につけられたというのも、貧乏のおかげだと思います。とにかく僕は、人が「いいよ」と言ってくれたことには、「え、いいんですか？　ありがとうございます！」と乗ってしまうのです。逆に、乗らないともったいないと思います。

一例を挙げると、「人がつないでくれたご縁」に遠慮なく頼らせてもらってきたこと。

元を辿ればアメリカ時代にまで遡らなくてはいけませんが、ここでは日本に来てから

の僕の足跡を簡単に辿ってみましょう。

まず、福井県で勤めていた英会話教室の生徒さんがつないでくれたご縁で、僕は、ある劇団に入ることになりました。

その後、劇団の仲間の紹介でFBC（福井放送）のラジオ番組でボランティアでDJをすることになります。

そこで知り合った、東京から派遣されていたディレクターさんが「東京で勝負してみたら？」と助言してくれて、東京への道が開けました。

上京後、最初のラジオの仕事を作ってくれたのも、このディレクターさんです。東京でがんばっている北陸出身者を紹介するというFBCの番組でした。

そもそも日本語がまだまだ不自由な僕でも何とか取材が成立したのは、番組ディレクターさんのおかげです。30分の番組に1時間も費やして収録。惜しみなく撮影し、本当に使える場面だけをピックアップ、僕の噛み噛みな日本語を整理してくれました。こんなに手間暇かかる編集にこのディレクターさんは1本5時間以上かけていたと思います。いまだに頭があがりません！

この地方ラジオ番組をこなしながら、いくつかの事務所に登録し、モデル、エキストラ、声優などの仕事で何とか生活できるようになりました。現場で知り合った人にさらに仕事を回してもらったり、事務所を紹介してもらったりして徐々に輪を広げました。

ある現場で知り合った某事務所のマネージャーさんは名刺をくれて「今度、事務所に遊びにきてくださいね」と言ってくれました。今、思えば社交辞令だったのでしょうが、僕は言葉通りに受け取って、出会った直後に、渋谷にある事務所に本当に遊びに行ってしまいました。遊ぶところじゃないのに！

社交辞令で「遊びに来て」と言われ、空気が読めずに本当に来た僕のことをおもしろく思ったのか、事務所の社長さんは僕をすごくかわいがってくれました。社長室にはパターゴルフやカラオケマシーンがあって、よく一緒に遊びました。案外、事務所も遊べるところです！

自宅アパートにエアコンがなかった僕は、暑い日には涼を求め、寒い日には暖をとりに行くという感じで、どれだけ顔を出したかわかりません。

ドラマや映画のエキストラの仕事は、その事務所経由でたくさん回してもらえました。親切心からではなく、「あいつ、放っておくとずっと遊びに来るぞ。面倒だからエキストラの仕事を回そう」ということだったのかもしれませんが。

理由はどうあれ、エキストラとしてドラマや映画の現場に立つ機会が多くなると、それだけ業界の人との付き合いも広がります。

そしてあるとき、エキストラ友だちが開いたハロウィンパーティで、僕は今の事務所の社長と知り合います。それから半年後、また知人の紹介でマックンと知り合いました。遊び半分でコンビを組んであっちこっちのライブに出ていると、いつのまにか「パックンマックンのパックン」となり、さまざまな番組に呼んでもらえるようになりました。


挙げだしたらキリがないのですが、ざっと見るだけでも、これだけのご縁。

福井県で英会話教師をしていた僕が東京で芸能人になれたのは、縁をつないでくれた人たちに甘えさせてもらってきたから。日本に来たきっかけも友人のお誘いでした。ひょっとして、他の人なら遠慮してしまうかもしれないところでも、「遠慮なく乗っからせてもらう図々しさ」を持ち合わせていたから今ここにいると思います。

遠慮するくらいなら、素直に図々しくなれ。貧乏生活から得た人生訓です。

「壊れたら、また買えばいい」？　冗談じゃない！

自分の子どもたちを見ていると、お金の教育に悩むことも少なくありません。

以前、あるものを壊してしまった息子が、こともなげに「また買えばいいじゃん」と言ったときには、つい頭に血が上って熱く、長くお説教をしました。ヒートアップしすぎたと反省していますが、子どもに怒ったトップ5に入ると思います。

僕からしたら「また買えばいい」なんて冗談じゃない。ささいな日用品を買う、そのためのお金さえなくて、どれほど悔しく苦しかったかと思うと、冷静ではいられなかったのです。

落ち着いたら、しっかりと言葉を尽くして説明しました。

「お金は持って生まれるものでも、天から降ってくるものでもない。パパが10歳のころからそうしているように、自分の力で稼ぐものなんだ。それには苦しい思いをすることもある。ちょっと怒りすぎてごめんね。でも、お金は常にあるものだとか、モノが壊れたらまた買えばいいなんて考えてはダメだよ」と。

娘には「うちの車は恥ずかしい」と言われたことがあります。学校の送り迎えのときに、同級生の親はみんないい車に乗ってくるのに、うちだけカーシェアリングの国産車。だから「パパ、自分の車を買ってよ」と言うのです。

このときは怒鳴りたいのをぐっとこらえ、具体的な数字を挙げながら、こんなふうに説明してみました。

「まず車を買うには、いくらかかるだろう？ 安い軽自動車でも100万円くらいはする。買ったらおしまいじゃなくて、維持費もかかるよ。安い設定でも、2年に1回の車検で約6万円、駐車場代として年間約24万円、ガソリン代として年間約5万円、それに自動車保険もあるから、これだけでも、ざっと年間に40～50万円になるかな。

パパは、車を買うお金も維持するお金も、出そうと思えば出せる。でも出す代わりに何かを削らなくてはいけないとしたら、何を削ろうか？ Netflixを解約してもぜんぜん足りないね。じゃあ学費を削ったらどうだろう。今の私立校をやめて公立校に転校するなら、すぐに車を持てる。それでもいい？」

振り返ると、ちょっと意地悪な教え方だったな〜と、また反省点が増えましたが、経済力があるからといって、何でも買っていいと思ってほしくなかった。自分が望むものには、どれくらいの重みがあるのかを、すでに手にしているものとの対比で感じてほしかったのです。

他にも、習い事の月謝袋を渡しながら「ここには、いくら入ってる。パパとママもがんばって払うから君も練習をがんばってね」、仕事に出かけるとき、家で執筆などをやっているときも「君たちの生活費も学費も、こうやって稼いでるんだよ」などと、日ごろから家計の基本の話はよくするほうだと思います。

え、脅しに見える？　恩着せがましい？　日本には、お金の話をタブー視する傾向もあるようですが、僕は、むしろチャンスあらば積極的にお金について話し、早くから経済感覚を身につけさせたいという考えです。

息子も娘も、まだ世の中の仕組みも何も知らない子どもですから、実感としては理解しづらい話ばかりでしょう。いずれアルバイトなり自分でお金を稼ぐようになれば、少しはわかってくれるかな。

僕は、子どもにお金の心配はさせたくありません。経済的な不安があると、やりたいことをやりたいと言えなくなってしまう恐れがあるから。

子どもたちには、自分が望む未来に気兼ねなく手を伸ばせるように育ってほしい。そこで僕の経済力が役立つのなら、できる限りサポートしてやりたい。後から返してもらう前提ですが、やりたいことを見つけるまでの資金や、やりたいことに必要な資金は、親からは借りてもいいことにしたいとも思っています。

ただ、その一方で、お金は無限にあるものではなく、計画が必要であることは理解させたい。海外旅行に行けることが普通だとか、何でも労せずして得られるなどとは思ってほしくありません。

だから、今のうちからできることとして、「何でもすぐに手に入る」という状況は、なるべく作らないようにしています。

たとえば何か欲しいものがあるのなら、まず、買わずに済む方法を一緒に考えてみる。「本は図書館で借りればいいよね」「マンガは友だちと貸し合いっこできないかな」「その洋服が欲しいというけど、本当に必要？　すでに似たようなのを持ってないかな？」と問いかけてみます。

そして、どうしても買いたいというのなら、1週間、家の手伝いをしたら買うなど、何かと引き換えにしています。もちろん大変なことはさせませんが、家の中に「自分で稼ぐ」という疑似体験の機会を設けているのです。

一緒にスーパーに行ったときには「今日は3000円以内に収めようね。一番下の数字は四捨五入で、パッと計算してみよう!」なんてゲーム感覚で、暗算と金銭感覚のトレーニングをすることもあります。

子どもの金銭感覚って、ときどき、とんでもないことがあります。

以前、僕が家を買ったことが女性誌で報じられたとき、学校で「お前の家、高いんでしょ?」と言われたとかで、息子が「いくらしたの?」と聞いてきたことがあります。逆に「いくらだと思う?」と聞いたら、「うーん、1万円くらい?」と。

斜め上すぎる答えで笑ってしまいましたが、やはり子どもは基本的に何もわかっていないんだなと思いました。折に触れて親が教えていかなくては——。スーパーでの暗算ゲームには、そういう思いも込められています。

自分ができることを挙げてみる

僕が貧乏生活から得た最大の教訓。

それは、自分の境遇を嘆いて立ち止まってしまわないこと。

そして、自分がすでに持っているものや、できることを挙げてみることです。

お金がないと、毎日が不安で何も手につかなくなるというのは、当事者だった身として、痛いほどわかります。だけど、「これができない」「あれができない」と、できないことを数えていても悲しいだけだし、卑屈になるだけ。

その沼に沈み込んでしまうよりは、何でもいいから自分が今、持っていることやできることを挙げてみたほうが、よほど前を向いてがんばっていけると思います。

昔は諦めなくてはいけないこと、我慢しなくてはいけないこと、たくさんありました。そんな自分は、なんてかわいそうなんだろうと思っていました。僕がどんなに苦労しても手に入れられないものを、やすやすと手に入れている人たちが憎かった。

僕が住んでいた地域には、まあまあ裕福な人たちも住んでいました。毎日、かっこいい車で学校に通う同級生。ランチの時間には豪華なお弁当を広げ、ときには、その半分を残す。それを見て「残すなら僕にちょうだいよ！」と言いかけて言葉を飲み込んだことも数知れません。

これは経済的ないじめだ、と思いました。

だけど、やっぱり紛れもない実感として、自分をかわいそうがる気持ちや、お金持ちに対する恨みや憎しみにとらわれている限り、自分の人生を真に歩み出すことはできないと思うのです。僕自身がそうだったから。

置かれている状況は人それぞれであっても、自分をかわいそうがることをやめた人から、より明るい未来が開ける。そう信じているので、今現在、貧困に苦しんでいる子がいたら、とりあえず、今の自分が持っていることや、できることを五つ挙げてみてほしい。

何だっていいのです。

若さ、健康、気を許せる友だち、親の愛情、大好きな本、とっておきの景色が見られる場所を知っている、安くておいしいパン屋さんを知っている、などなど。

どんな小さなことでもいいから、その一つひとつに幸せを感じられたら、その瞬間から少し前を向けるはずです。

それは「どうせ自分なんて」ではなく、いうなれば、「今は苦しい状況でも、これから先は自分次第」という健全な開き直り。こういう意識の変化一つで人生は大きく変わりうるということも、折に触れ伝えていきたいと思っています。

エピローグ
今度は僕が恩返しする番

今の僕に何ができるか

僕は、かつて貧しい自分をかわいそうだと思っていました。

お金持ちを恨んでもいた。何気なくお金を使っている人たちに、怒りを感じることもありました。

たとえば、友だちと遊びに行ったショッピングモールのピザ屋さんで、隣の席の人がピザを残している。もし、友だちがピザを残していたら「これ、もらっていい？」と言えますが、見知らぬ人には言えません。

「僕はまだお腹が空いている。すぐ目の前には、おそらく捨てられてしまう運命のピザがあるというのに、僕は、それを食べられないなんて！」と怒りを感じました。

ときには別のピザ屋さんで、母の仕事が終わるまでの間、一人でドリンクを飲みながら待っていると、「そこのボク、私には食べきれないから、これ食べる？」なんて申し出てくれる人もいました。

飛び上がりたいくらいうれしい気持ちを隠しながら、「ありがとうございます」といただく。恥ずかしい気持ちもありました。

そんな僕は、当時、10万ドルを貯めれば一生、暮らせると思っていました。1年あたり約5000ドルで暮らしていたので、10万ドルを貯めて利回り5パーセントの投資に回せば、生活費を稼ぎ出せると計算したのです。

こういう金銭感覚からすると、裕福な人たちのお金の使い方は、本当に腹立たしいものでした。

たとえば、100万ドルのヨットを乗り回している会社経営者がテレビで紹介されていた。「その100万ドルで、僕みたいな立場の人を10人も一生養うことができるのに、なんでそうしてくれないんだろう？」と。

300ドルもするシャンパンを、やすやすと開けているお金持ちの金銭感覚も信じられなかった。「あんたがひと晩で飲み干してしまう300ドルで、どれだけ文房具が買えると思ってるんだよ！」と腹立たしくてたまりませんでした。

今にして思うと、僕が怒りを感じていたのは、お金持ちの無神経さだったのだと思います。

お腹いっぱい食べられない人がたくさんいるのに、食べものを平気で残す。単なる自分だけの楽しみのために、いとも簡単に大金を費やす。すべてが無意味に思えました。無意味にお金を使う、その神経が腹立たしかったのです。

今では生活が豊かになり、家族旅行など「ここぞ」というときには、まとまったお金を費やすようになりました。

でも、無意味な出費は今でも大嫌い。何を買うにも何をするにも、「これは値段に見合うだろうか?」と熟考するクセがあります。

家族旅行でまとまった出費をするといっても、飛行機はエコノミー。洋服や時計も高いものは買いません。20年前にもらった『スターウォーズ』のTシャツを今も着ているなど、物持ちもすごくいい。まだ使える限り、まだ着られる限りは処分する理由が見当たらないから。

僕の心の中には、今も、お金が足りなくなる不安を抱えた少年が暮らしています。

7歳のときにお父さんと離れ離れになったことで、人や物に対する情が強くなり、

目の前の人がいつ いなくなるか、目の前のものがいつなくなるかと、どこかで恐れていた気もします。あのころの気持ちが消えてなくなることはありません。

だからこそ、今の自分にできる限り、自分の家庭の経済的な安定を保ちつつ貧困家庭をサポートしたい。社会の中で置き去りにされ、苦しい思いをする子どもが一人もいない社会をつくることに、少しでも貢献できたらと思っています。

ゼロにするなんて無理という意見もあるとは思いますが、だからといって何も行動を起こさなければ、何も前進しません。

僕は貧しい家庭に生まれたけれど、人や環境の恵みをたっぷり受けてきて、今ではいい生活ができるようになりました。自分一人の力などではなく、「たまたま」の要素もかなり大きい。

それは、みなさんも同じではないでしょうか。

もし、貧しい思いをしなくて済んできたのなら、あるいは、かつては貧しくても豊かになれたのなら、それぞれ恵まれている。人生の要所、要所で必ず誰かの助けを借りたからこそ、今があるはずです。

ならば、それぞれが自分にできることをする、これに尽きるでしょう。

「救済」なんて大げさな言葉で表現することではありません。あまねく救済するのではなく、自分の手の届くところに「手を差し伸べる」。そんな感覚です。

今の僕は、あのころの僕が羨んでいたような立場にあります。

家がある、バイクがある、子どもを何不自由なく育てることができていて、家族そろってミュージカルやコンサート、海外旅行にも行ける。

そんな生活ができるようになっている今、どうしたら、自分が受けてきた恩恵を、よりいっそう社会に還元していけるのか。責任の果たし方を考える日々です。

自分と家族を守ってこそ、世の中のために働ける

当然ですが、自分一人で世界中の貧困をなくすことはできません。

たとえば、ある支援団体をサポートする。ある発展途上国の空港でワーッと寄って

くる子どもたちにアメやジュースをあげる。そんなときに、ふと「これは氷山の一角に過ぎない」という虚しさのような気持ちに襲われることがあります。正直、考え出したらキリがない。

そんなときに決まって思い出すのは、高校のころの英語の先生の言葉です。はい、以前登場しましたクロンキー先生のことです。

先生は筋金入りのリベラル派で、草の根活動的な貧困支援などにも積極的に関わっていました。

あるとき尋ねたことがあります。

「先生は支援活動に関わっているけれど、自分は、そこそこいい車に乗ってるじゃないか。車を手放して自転車にすれば、今までかけていたガソリン代も車を売ったお金も支援に回せる。どうしてそうしないの？」

天邪鬼《あまのじゃく》な僕には、貧困救済を叫びながらも、自分の生活は一定レベルに保っている先生がいい人でも、少し偽善者のように見えていたのです。

先生の回答は、次のようなものでした。

「その気持ちはわかるけど、まず自分を守らなければ、人を助けることもできない。

まず自分と自分の家族の生活の安心と安定を確保して初めて、人のために行動することができるんだよ。人助けのために自分や家族を不幸にするのは本末転倒だな」

今の僕は、この言葉どおりのスタンスをとっています。

自分と家族の生活を守り、ある程度、やりたいことをやりながら、自分に「できること」を「できる範囲」でやっていく。そうすると、当然ながら、自分の手の届かないところには何もできないことになるけれど、しょうがない。それでいい。

自分の手が届かないところには別の誰かが支援し、その人の手が届かないところには、また別の誰かが支援する、その人の手が届かないところには、さらに別の誰かが支援する。こんなふうに少しずつ役割を分け合えば、全員で全体に支援を行き渡らせることが可能になっていくでしょう。チリも積もれば山となる。大きいのに越したことはないが、一つひとつの支援は小さくてもいいわけです。

本書で初めて日本の貧困について知った人もいるかもしれません。

すでに日本の実情を知っていて、すでに何かサポート活動を始めている人もいるかもしれません。

まず何か、できることをやってみて、そして「もう少しできるかも」「他にできることはないかな」と自分に問う。常に問い続ける。そういう人の輪が広がれば広がるほど、とうてい無理に思えたことだって少しずつ無理でなくなっていくはず。

その先に、より明るく豊かな未来の光が灯っているんだと僕は信じています。

自分の中のベストを目指す

本書で取材させていただいたキッズドアの渡辺さんの言葉に、とても印象に残っているものがあります。

それは「それぞれが自分のベストを目指す」という言葉。

「うちでは多様性を大事にしています。通っているのは、さまざまな事情で居場所を失っている子どもたちですが、キッズドアという居場所を見つけると、そこでマウントを取り合う、ということも起こりがちです。

私たちは、それを見過ごしません。勉強が得意な子もいれば得意でない子もいる。

話し好きな子もいれば、なかなか言葉が出てこない子もいる。経済面でも、みな厳しい家庭から来ていますが、その中でも差はある。すべて含めて多様性なんです。

ここには、いろんな子がいて、それぞれが他者と比べてどうということではなく、自分の中のベストを目指すこと。大学一つを例にとっても、国立だろうと、いわゆるFランクだろうと、自分のベストがそこであるならば、そこを目指すことに価値があるわけです。これは子どもたちにも、常々伝えていることですね。

すると子どもたちにも変化が現れます。

ここでは自分も受け入れられているんだとわかると、人と比べたりせずに、自分の問題や希望をみずから開示できるようになる。そうなれば、こちらも何に取り組めばいいかわかるので、より適切なサポートができますし、的を射たサポートを受ければ、子どもはがんばる気になります。

こうして結果的に、それぞれのペースで学力が上がったり、将来について考え始めたりするのです。自分のベストを目指して、道を探り出すということです」

人との比較ではなく、自分のベストを目指す。これは貧富などにかかわらず、この社会に生きる僕たちすべてにとって重要なことではないでしょうか。

やはり思い出すのは僕が手を抜いたという理由で、同級生よりうまく書けていた（はずの）レポートにCをつけたクロンキー先生。その姿が、渡辺さんと重なって見えます。

はたして僕は自分のベストになっているだろうか。もちろん、まだまだ道半ばだけど、後退はせず着実にベターになり続けていると信じたいな。

4章で代表的な人たちを紹介した通り、僕は、いろんな人の手を借りてここまで来ました。もっともっと困っている人をサポートすることで、その恵みを社会に還元したい。これは世の中に対する自分の責任だと思っています。

と同時に、本当の母をはじめビューシングママ、グリーンリーズママ、ガストンママ、藤永家のみなさん、さらに今では妻、相方のマックン、事務所の社長、マネージャーなど、たくさんの人が大事にしてくれた自分を、大事にしなくちゃいけないな、とも思います。

これは、自分に対する自分の責任。助けてくれた人たち、助けてくれている人たちの恩に報いるためにも、僕は僕自身を大事に、いっそうベストに近づけるように育てていきたいのです。

おわりに――この世から貧乏をなくしたい

貧乏は、個人だけでなく社会にとっても大きなマイナスです。お金がないと、教育を受けられなかったり、仮に教育を受けたとしても学業に注力できなかったりします。

貧乏は、人の心からも頭からも余裕を奪います。余裕がないと、自分にフィットした仕事を探しだす就職活動もできません。能力的には見合っているはずの仕事にも就きづらくなります。

経済全体で見ると、このような人材のミスマッチが増えることは、生産性の低下にもつながります。適所で働けない人たちは、本来の能力に見合った賃金をもらえないため、消費も上がりません。貧乏は、国家的にも、大規模かつ長期的な経済損失を生み出すのです。同時に、経済状況が厳しい家庭では、生活に余裕がない分、芸術、文学、政治などの面でも、文化の進歩に貢献できるチャンスを失っています。つまり、貧乏は文化発展の足を引っ張ることにもなります。

貧乏は、個人にとっても社会にとっても負担にしかなりません。世の中から貧乏をなくしたい。そのために自分に何ができるか。僕はよく自分に問いかけています。

取材協力

日本財団 子どもサポートチーム　本山勝寛さん

■日本財団 子どもサポートチーム
家庭環境や経済状況に困難を抱える子どもたちが、人や社会と関わる力、自己肯定感、学習習慣など自立する力を伸ばせるよう、「第三の居場所」を提供している。貧困の連鎖を断ち切るため、行政、NPO、大学、企業、市民の方々とチームで取り組んでいる。
https://www.nippon-foundation.or.jp/what/projects/ending_child_poverty

NPO法人 キッズドア　渡辺由美子さん
キッズドア卒業生　北川羽有さん・川﨑剛さん

■NPO法人 キッズドア
「お金がないから塾に行けない」「経済的な事情で進学できない」などの声を受け止めてスタートした教育支援事業。「経済的格差が教育格差であってはならない」の考えの下、無料でありながら質の高い教育支援を多くの子どもたちに提供している。
https://kidsdoor.net/activity/

株式会社 ノバレーゼ　佐藤慎平さん・岩井雄紀さん

■株式会社 ノバレーゼ
「世の中に元気を与え続ける企業でありたい」という理念のもと、ウエディングプロデュースとレストラン運営を手掛ける会社。会社の福利厚生制度の一環として、社員の奨学金返済支援制度を取り入れている。
https://www.novarese.co.jp/

（以上、順不同）

※本文に出てくる勤務年数や年齢等は取材時のものです。

協力

■フジテレビュー!!
“フジテレビ視点”のエンタメ情報が満載のウェブメディア。「そのハナシには、つづきがある」をコンセプトに、「スタッフしか知り得ない裏話」や「芸能人の本音」などテレビでは見られないオリジナル情報や映像を伝えている。
https://www.fujitv-view.jp/

著者略歴

パトリック・ハーラン

1970年生まれ、アメリカ・コロラド州出身。93年ハーバード大学比較宗教学部卒業。同年来日。97年、吉田眞とお笑いコンビ「パックンマックン」を結成。NHK「英語でしゃべらナイト」「爆笑オンエアバトル」をはじめ、多くのテレビ番組に出演し、注目を集める。「ABEMAPrime」、「報道1930」でコメンテーターを務めるなど、報道番組にも多数出演。2012年10月より池上彰氏の推薦で東京工業大学の非常勤講師に就任。コミュニケーションと国際関係についての講義を行っている。2人の子どもを持つパパ。著書に『ツカむ！　話術』『ハーバード流「聞く」技術』（角川新書）、『パックンの「伝え方・話し方」の教科書』（大和書房）などがある。

SB新書　535

逆境力《ぎゃっきょうりょく》

貧乏《びんぼう》で劣等感《れっとうかん》の塊《かたまり》だった僕《ぼく》が、あきらめずに前《まえ》に進《すす》めた理由《りゆう》

2021年2月15日　初版第1刷発行

著　者　パトリック・ハーラン＋フジテレビュー!!「パックンと考える子どもの貧困」制作チーム

発行者　小川 淳

発行所　SBクリエイティブ株式会社
〒106-0032　東京都港区六本木2-4-5
電話：03-5549-1201（営業部）

協　力　フジテレビジョン

装　幀　長坂勇司（nagasaka design）

組版・本文デザイン
図版作成　株式会社キャップス

編集協力　福島結実子

校　閲　根山あゆみ

写　真　伊藤孝一

印刷・製本　大日本印刷株式会社

本書をお読みになったご意見・ご感想を下記URL、
または左記QRコードよりお寄せください。

https://isbn.sbcr.jp/94535/

落丁本、乱丁本は小社営業部にてお取り替えいたします。定価はカバーに記載されております。本書の内容に関するご質問等は、小社学芸書籍編集部まで必ず書面にてご連絡いただきますようお願いいたします。

ISBN 978-4-7973-9453-5